Reihe »Gärtnern leicht und richtig«

Balkon und Terrasse
Rosen
Gartenarbeit rund ums Jahr
Obstbäume schneiden und veredeln
Wassergärten
Gemüse
Biogarten
Gewächshäuser
Obst für kleine Gärten
1 × 1 der Zimmerpflanzenpflege
Bauerngärten
Mischkulturen
Tips und Tricks für Hobbygärtner
Palmen und Zimmerbäume
Sommerblumen, Gartenstauden
Ziergehölze
Steingärten
Gartenkräuter
Blumenzwiebeln für Garten und Haus
Aussaat und Vermehrung
Kompost, Erde, Düngung

Gärtnern leicht und richtig

Robert Sulzberger

Kompost, Erde, Düngung

BLV

Die Deutsche Bibliothek –
CIP-Einheitsaufnahme

Sulzberger, Robert: Kompost, Erde, Düngung / Robert Sulzberger. – München: BLV, 1994
(Gärtnern leicht und richtig)
ISBN 3-405-14618-6

BLV Verlagsgesellschaft mbH
München Wien Zürich
80797 München

Gedruckt auf chlorfrei gebleichtem Papier

Layout: Anton Walter
Lektorat: Barbara Kiesewetter
Herstellung: Ernst Großkopf

Satz: ew print & medien, Würzburg
Druck: Appl, Wemding
Bindung: Auer, Donauwörth

Printed in Germany
ISBN 3-405-14618-6

Bildnachweis:
Alle Fotos vom Autor außer:
BASF 9, 12, 13
Eisenreich 24 u
Henseler 10, 94
Himmelhuber 14/15, 20/21, 50
Neudorff 73
Niehoff 34
Redeleit 2 l, 2 r, 17, 28 o, 36/37, 38, 42, 43, 45, 46, 51, 52, 53, 54, 55, 58, 60/61
Reinhard 3, 18/19, 26/27, 29, 30, 31, 35, 40, 63, 77/78, 91, 95
Ruckszio 39, 82/83
Sulzberger/Kopp 6, 19, 28 u, 32 l, 32 r, 65 o, 65 u, 69 o, 72, 81, 93

Grafik: Heidi Janiček

Umschlaggestaltung:
Studio Schübel, München

Umschlagfotos:
Vorderseite: Martin Stangl
Rückseite: Redeleit (li), Sulzberger (re)

INHALTSÜBERSICHT

Was macht einen Standort fruchtbar?

Einseitige Bodeneigenschaften – staunaß oder durchlässig, kalkreich oder sauer, fett oder mager – können durch Hinzumischen gegensätzlicher Substrate etwas ausgeglichen werden. Entscheidend aber ist, ob die oberste Krume belebt ist: Hier sind die Pflanzen verwurzelt. Und da sich alle übrigen Lebewesen direkt oder indirekt von Pflanzen ernähren, ist es nicht übertrieben, diese oberste Krume als den Quell allen Lebens zu bezeichnen. Der wunderbare Kreis schließt sich, wenn alle Lebewesen nach dem Tod letztendlich wieder zu Erde werden.

Der wunderbare Humuskreislauf

Dies ist nur möglich, weil im Boden zahlreiche winzige Organismen leben, welche die Überreste von Pflanzen für sich verwerten und dabei zu Humus verwandeln. Dieses Material, vermischt mit dem mineralischen Untergrund und bewohnt von emsigen Kleinstlebewesen, beherbergt das Geheimnis einer dauerhaften Fruchtbarkeit. Eine belebte Bodensphäre ist die ideale Heimat für die meisten Pflanzenwurzeln. Die günstige Struktur des Humus erzeugt ein harmonisches Verhältnis von luft- und wasserführenden Freiräumen im Boden. Die ständig ablaufenden Umsetzungsprozesse liefern Nährstoffe für die Pflanzen. Humus speichert frei verfügbare Nährstoffe ebenso wie Wasser in optimaler Weise. Einseitige Eigenschaften des Unterbodens können von keinem anderen Substrat so langfristig und wirkungsvoll ausgeglichen werden.

Ein fruchtbarer Boden ist die wichtigste Voraussetzung für gesundes Pflanzenwachstum.

Der natürliche Kreislauf von Wasser, Luft und Nährstoffen wird im Garten nachgeahmt.

Der Humus wird allerdings mit der Zeit aufgezehrt, wenn nicht immer wieder neue organische Substanz nachgeliefert wird. In der Natur funktioniert der Kreislauf von selbst, durch herabfallendes Laub und andere absterbende Pflanzenteile. Im Garten muß gezielt für Nachschub gesorgt werden: Mulchdecken, Gründünger und Ernterückstände sowie Mist und Kompost sichern die benötigte Zufuhr organischer Substanz. Diese Materialien sind »Futter« für die Mikroorganismen. Nur bei einem reichhaltigen Bodenleben funktioniert die Umsetzung und damit die natürliche Nährstoffversorgung, und die fruchtbare Humusschicht bleibt dabei nicht nur erhalten, sondern wird sogar ausgebaut.

Pflanzen düngen heißt Bodenorganismen füttern

Wer heute noch behauptet, es sei der Pflanze egal, ob sie organisch oder chemisch ernährt werde, weil sie doch nur Ionen aufnehme, der ist entweder auf einem längst überholten Erkenntnisstand, oder er redet wider besseres Wissen. Es ist allgemein bekannt, daß Pflanzen auch große organische Moleküle direkt aufnehmen können, zum Beispiel Vitamine und Antibiotika, Humin- und Aminosäuren, nicht nur die löslichen Düngerionen.
Pflanzen besitzen die Fähigkeit, Nährstoffe nach Bedarf zu wählen und in ihren Stoffkreislauf aufzunehmen. Ein Überangebot löslicher Nährsalze jedoch setzt diese Fähigkeit außer Kraft: Die eigene Wahl der Pflanze wird ersetzt durch die chemische Gesetzmäßigkeit, das aufzunehmen, was in höchster Konzentration in der Bodenlösung angeboten wird; anstelle gezielter Befriedigung der Bedürfnisse tritt ein von außen gelenkter Luxuskonsum. Die Pflanzenzelle bildet nahrhafte Proteinbestandteile im Überschuß und gleicht die hohen Gehalte durch mehr Wasser aus. Die Folge sind dünnhäutige, anfällige Pflanzenzellen. Die direkte Zufuhr von Nährstoffen kann kurzfristige Mangelzustände überwinden – wenn der Boden noch humusarm ist, wenn einzelne Nährstoffe zu selten sind, auch in bestimmten Perioden oder bei besonders hungrigen Pflanzenarten. Dann ist die Düngung unersetzlich für eine optimale Ernte. Unüberlegte Düngemaßnahmen und einseitige Fruchtfolgen dagegen lassen den Boden auf Dauer verarmen, giftige Pflegemittel gefährden die Bodenlebewesen. Wenn die Humusschicht verschwindet oder vergiftet wird, sind die Pflanzen, aber in zweiter Stufe auch die Tiere und wir Menschen in der Existenz bedroht. Deshalb ist die sachgerechte Bodenpflege nicht nur ein notwendiges Übel, sondern eine weitreichende und verantwortungsvolle Aufgabe für jeden Besitzer eines Gartens.

Die Pflanzenernährung

Luft und Wasser sorgen für die mengenmäßig wichtigsten chemischen Elemente, die ein Pflanzenkörper zu seinem Aufbau benötigt: Aus der Luft werden Kohlendioxid (CO_2) und Sauerstoff (O_2) eingeatmet, die Wurzeln saugen das Wasser (H_2O) auf. Die Sonnenstrahlung schließlich ist der Energiespender, der diese Bausteine sinnvoll verbindet und ihnen den Geist des Lebens einhaucht.
Photosynthese heißt das Zauberwort: Bei diesem Prozeß im Blattgrün werden mit Hilfe der Lichtenergie Wasser und Kohlendioxid aufgespalten und aus den Bestandteilen Kohlenhydrate gebildet. Diese Kohlenhydrate sind chemische Energiespeicher; ihre bekanntesten Formen sind uns als Zucker wohlbekannt. Übrig bleibt bei dem ganzen Vorgang Sauerstoff; er wird von der Pflanze wieder ausgeatmet.
Die etwa fünfzig anderen chemischen Elemente, welche die Pflanze zum Wachstum benötigt, sind in der Natur im Boden vorhanden und können über die Wurzeln aufgenommen werden. Anders betrachtet, wachsen auf jedem Boden nur diejenigen Pflanzen, die mit den vorhandenen Bedingungen zurecht kommen. Im Garten dagegen bestimmt größtenteils der Mensch, welche Pflanzenarten wachsen sollen. Sie werden schließlich abgeerntet und dem Kreislauf entzogen, so daß im Boden weniger Nährstoffe übrig bleiben, wenn sie nicht gezielt nachgeliefert werden. Dies ist vor allem dann erforderlich, wenn der Gärtner an den Ernteerfolg hohe Ansprüche stellt.

Stickstoff – das wichtigste Nährelement

Im Mittelpunkt der Düngung steht bei Gärtnern und Landwirten der Stickstoff (N). Er ist verantwortlich für das Wachstum von Blättern und Trieben, was nicht nur an den den Ausmaßen der Pflanzen, sondern auch an der Grünfärbung erkennbar wird: Je besser die Stickstoffversorgung, desto dunkler die Laubfärbung. Auch beim Aufbau des Blattgrüns, von Aminosäuren und Vitaminen ist es nötig.

Üppiges Wachstum auf engstem Raum kann nur bei guter Nährstoffversorgung gelingen.

Der Boden enthält dieses Element in der Regel in organisch gebundener Form. Bei der Zersetzung abgestorbener Pflanzenteile, toter Tiere sowie tierischer Ausscheidungen (Harnstoff!) wird auf natürlichem Weg Stickstoff in Form von Ammoniumverbindungen frei. Bodenbakterien können diese in pflanzenverfügbares Nitrat umwandeln. Hinzu kommt Luftstickstoff, der durch Leguminosen und andere Pflanzenarten für die Pflanzenernährung verfügbar gemacht wird. Dies gelingt nur mit Hilfe der Knöllchenbakterien, die sich an den Wurzeln jener Pflanzen befinden.

In diesem Düngeversuch werden die Folgen einer schlechten Ernährung deutlich sichtbar.

Durch denitrifizierende Bodenbakterien wiederum geht ein Teil des Stickstoffs an die Atmosphäre verloren.
Wenn viel löslicher Stickstoff zur Verfügung steht, aber nur wenig von den Pflanzen aufgenommen und im Boden gespeichert wird, dann kann er mit starken Niederschlägen in tiefere Bodenschichten ausgewaschen werden. Wir finden ihn dann als Nitratbelastung im Grund- bzw. Trinkwasser wieder. Deshalb auf eine maßvolle und termingerechte Stickstoffdüngung achten!

Die drei anderen Hauptnährstoffe

Kalium (K) ist nach Stickstoff, Wasser-, Kohlen- und Sauerstoff das am stärksten in den Pflanzen vertretene Element. Es trägt wesentlich zur Festigkeit der Zellwände und damit zu Standfestigkeit sowie Widerstandskraft der Pflanzen gegen Pilzkrankheiten, tierische Schädlinge und Witterungsschäden bei. Im Boden befindet sich das Element größtenteils als lösliche Ionen (K^+), die aber mehr oder weniger solide an Tonminerale und Humusteilchen angelagert sind.
Phosphor (P) wird nicht in so hohen Mengen benötigt wie die

beiden anderen Nährstoffe, obwohl auch er wesentlich am Pflanzenstoffwechsel beteiligt ist. Phosphor ist unersetzlich bei der Blütenbildung und fördert außerdem die Reife von Samen und Früchten. Tausende von Bodenuntersuchungen haben gezeigt, daß die meisten Gärten stark mit Phosphor überdüngt sind, in etwas geringerem Maß auch mit Kalium. Volldünger sind deshalb in den meisten Fällen in unseren Gärten unangebracht.
Manchmal taucht auf den Düngerpackungen noch eine vierte Zahlenangabe auf: Sie gibt den Gehalt an **Magnesium (Mg)** an, der sich nur im Bereich von wenigen Prozenten bewegt. Auch dieses Element nimmt mehrere Funktionen in der Pflanze ein; erwähnenswert vor allem, daß es ein wichtiger Bestandteil des Chlorophylls ist.

Wenn Eisen fehlt, vergilben die Blätter zwischen den Adern.

Viele Elemente sind beteiligt

Das **Calcium (Ca)** wird häufig zu den Haupt-Nährelementen der Pflanze gezählt. Zum Beispiel trägt das Calcium nicht unwesentlich zur Stabilität der Zellwände bei. Damit spielt es auch eine Rolle für die Lagerfähigkeit von Früchten. Seine wichtigste Funktion aber erfüllt Calcium nicht in der Pflanze, sondern im Boden: Es begünstigt eine krümelige Struktur und beeinflußt entscheidend den pH-Wert; Kalk reagiert basisch und kann saure Bodenverhältnisse abpuffern.
In der Natur kommt Calcium vor allem in Kalkgesteinen vor. Für die künstliche Zufuhr wird es entweder chemisch daraus getrennt oder auch gerne durch Zerkleinerung von Algenskeletten gewonnen.
Auch der **Schwefel (S)** ist im Pflanzenleben unentbehrlich. Allerdings erachtet man es in der Regel nicht für notwendig, dieses Element mit der Düngung zuzuführen. Denn Schwefel wird mit zahlreichen Abgasen und dem mittlerweile wohlbekannten sauren Regen eher im Übermaß auf dem Boden verteilt.

Haupt-Nährelemente

Element	Ionenform	Quelle	Wirkung in der Pflanze
Stickstoff (N)	NO^{3-} NH^{4+}	organische Substanz, Luftstickstoff	Wachstum der Triebe und Blätter, Eiweißbestandteil
Phosphor (P)	H_2PO^{4-} P_2O_5	Phosphatgestein	v.a. Blütenbildung, Bestandteil von Enzymen
Kalium (K)	K^+	an Tonminerale gebunden	Entwicklung von Wurzeln, stärkt Zellwände und Widerstandskraft
Magnesium (Mg)	Mg^{2+}	versch. Gesteine	Bestandteil des Chlorophylls

Neben-Nährelemente

Element	Ionenform	Quelle	Wirkung in der Pflanze
Calcium (Ca)	Ca^{2+}	Kalkgestein	stabilisiert Zellwände, Wurzelwachstum
Schwefel (S)	$SO_4{}^{2-}$	Sulfide und Sulfate, Abgase	wichtiger Bestandteil von Aminosäuren
Silicium (Si)	$SiO_4{}^{4-}$	Sand, Gesteine	Stärkung der Zellwände

Das **Silicium (Si)** spielt meist eine unterbewertete Rolle: Obwohl die Pflanzenasche durchschnittlich mehr Silicium enthält als Phosphat, Calcium, Magnesium oder Schwefel, wird es in keinem der gängigen Lehrbücher als Pflanzennährstoff aufgeführt. Einer der Hauptgründe dürfte darin liegen, daß dieses Element wesentlicher Bestandteil von (Quarz-)Sand und eines der häufigsten Elemente auf der Erdoberfläche ist.
Biologische Gärtner bringen Silicium mit Gesteinsmehlen und Pflanzenpräparaten gezielt in den Boden. Dort wirkt es günstig auf die Bodenstruktur. Und da in den Pflanzen der Wasserhaushalt und die Stabilität der Zellwände positiv davon beeinflußt werden, ist Silicium Bestandteil zahlreicher vorbeugender Pflanzenschutz- oder »Pflanzenstärkungs«-Mittel.

Spuren-Nährelemente

Element	Ionenform	Quelle
Eisen (Fe)	Fe^{2+} Fe^{3+}	versch. Gesteine
Mangan (Mn)	Mn^{2+}	versch. Gesteine
Chlor (Cl)	Cl^-	in versch. Salzen
Bor (B)	$H_2BO_3{}^-$	versch. Gesteine und Salze
Molybdän (Mo)	$MoO_4{}^{2-}$	mineralisch gebunden
Kupfer (Cu)	Cu^{2+}	mineralisch gebunden
Zink (Zn)	Zn^{2+}	mineralisch gebunden

Eisen (Fe), Mangan (Mn), Chlor (Cl), Bor (B), Molybdän (Mo), Zink (Zn) und Kupfer (Cu) bezeichnet man als Spurenelemente. Sie werden zwar nur in winzigen Mengen benötigt, sind aber nichtsdestoweniger unersetzlich für den Stoffwechsel der Pflanzen. Daher müssen auch sie manchmal gezielt verabreicht werden.

Pflanzenreaktionen bei Nährstoffmangel oder Überdüngung

Wie schon verschiedentlich angedeutet, ist die Dosierung der Nährstoffe von großer Bedeutung: Sowohl eine zu geringe Versorgung als auch das Übermaß können Schäden anrichten.
Die Nährstoffe haben im Stoffwechsel ganz spezifische Aufgaben. Entsprechend macht sich ihr Fehlen auch in typischen Symptomen bemerkbar. Die Hauptnährstoffe sind am deutlichsten am gesamten Erscheinungsbild der Pflanze beteiligt. Deshalb kann man den Mangel an Stickstoff, Phosphor oder Kalium auch an mehreren Stellen ablesen: bei verringertem Wurzelwachstum, Blüten- oder Fruchtansatz, bei Entwicklungsverzögerungen, bei veränderter Wuchsform und – in den meisten Fällen – bei Verfärbungen der Blätter.
Die typischen chlorotischen Erscheinungen (Vergilbungen) treten vor allem bei den Elementen auf, die am Aufbau des Blattgrüns beteiligt sind oder an der Photosynthese: Stickstoff, Magnesium, Eisen und Mangan. Andere Nährstoffe sichern die Stabilität der Zellwände, so daß ein Mangel daran zu Anfälligkeiten gegen Pilzkrankheiten, tierische Schädlinge und Frost führt.

Was zuviel ist…

Verringerte Widerstandskraft aber ist nicht immer nur auf Nährstoffmängel zurückzuführen, sondern kann auch durch ein Zuviel verursacht werden. Der Stickstoff ist das beste Beispiel: Ein Überangebot sorgt für ein unharmonisches Wachstum der Zellen, sie werden innerhalb ihrer dünnen Wand mit Wasser aufgeschwemmt und bieten somit ein ideales Angriffsziel für Pilzhyphen oder die beißenden und saugenden Mundwerkzeuge von Schadinsekten; um so mehr, als die überschüssigen Nährstoffe in der Zellösung wie ein verlockendes »Zuckerl« wirken.
Bei den übrigen Nährstoffen sind die direkten Auswirkungen einer Überversorgung nicht so kraß, aber doch auch deutlich. Häufig wird der Schaden indirekt verursacht: Nicht durch einseitiges Wachstum, sondern durch Verdrängung eines ande-

Ein Zuviel an Düngung kann zu solchen Verkrüppelungen führen.

ren Nährstoffs, der zwar ähnlich ist, aber andere Funktionen ausübt, so daß sich der Überschuß des einen Elements als Mangel eines anderen äußert.

Neuerdings wird das Waldsterben vor allem der Überfrachtung mit Stickstoffverbindungen angelastet, die eine einseitige Überdüngung verursachen. Im intensiv genutzten Nutzgarten dagegen ist Stickstoff meist der unterversorgte Nährstoff.

Aus alldem läßt sich ersehen, daß nie die Devise vorherrschen sollte: »Viel hilft viel.« Wichtig ist eine *ausgewogene* Nährstoffversorgung, in Abhängigkeit vom Standort, von der Pflanzenart, vom Klima und vom Entwicklungsstadium der Pflanzen. Um eindeutige Fehlernährungen erkennen zu können, sind in der nachstehenden Tabelle die wichtigsten Symptome beschrieben.

Aufgeschwemmte Zellen mit überschüssigen Nährstoffen locken Schädlinge an.

Was bewirkt zuviel oder zuwenig eines Nährstoffs?

Nährelement	Mangelerscheinung	Überdüngung
Stickstoff (N)	kümmerlicher Wuchs, helle Färbung der älteren Blätter, geringe Ernte	mastige, anfällige Pflanzen mit wäßrig aufgedunsenen Zellen
Phosphor (P)	Wachstumshemmung mit rötlicher Verfärbung der älteren Blätter, geringer Blüten- und Fruchtansatz	Stoffwechselstörungen (v.a. Anreicherung im Boden, teilweise Gewässern)
Kalium (K)	schlaffe Pflanzen, ältere Blätter vom Rand her aufgehellt, später Braunfärbung geringes Wurzelwachsum	Wuchsminderung
Magnesium (Mg)	ältere Blätter vergilben zwischen den Blattrippen	Anfälligkeit für Schädlinge
Calcium (Ca)	schwache Zellwände verursachen Verbräunungen an jungen Blättern, »Stippigkeit« beim Apfel	behindert Phosphoraufnahme, verdrängt Kalium und Magnesium

Nährelemente	Mangelerscheinung
Silicium (Si)	schwache Zellwände, dadurch anfällig für Krankheiten und Schädlinge
Schwefel (S)	jüngere Blätter vergilben
Eisen (Fe)	starke Gelbfärbung (Chlorose) der jüngeren Blätter zwischen den Adern
Bor (B)	Triebspitzen vergilben und sterben ab
Mangan (Mn)	Flecken, Aufhellungen zwischen den Blattadern, bei Gehölzen an älterem Laub
Kupfer (Cu)	weiß verfärbte und verdrehte Blattspitzen (in Hochmooren)

Die mineralischen Bodenbestandteile

Am Anfang war der mineralische Unterboden, das Gestein, das zuerst durch vulkanische Prozesse entstanden ist *(Magmatite)* und dann entweder durch physikalische Faktoren (Druck, Temperatur) nochmals eine Umwandlung erlebte *(Metamorphite)* oder mit den Bewegungen von Wasser und Eis verlagert wurde *(Sedimente);* bei diesem Transport wurden die Gesteine zu verschiedenen Größen und Formen zerkleinert. Natürlich kam es auch vor, daß Gesteine nach ihrer Umwandlung nochmals transportiert und abgelagert oder umgekehrt, daß Sedimente nach ihrem Transport nochmals umgewandelt wurden.
Die Gesteine unterschieden sich aber auch schon vor den genannten Entwicklungen durch ihre chemische Zusammensetzung. Grundlage der Gesteine sind die Silikate – Verbindungen der chemischen Elemente Silicium (Si) und Sauerstoff (O). Die Strukturen beginnen bei einfachen kleinen »Inselchen« über Ketten bis hin zu schichtartigen Strukturen oder gar dreidimensionalen Gerüsten, an die sich andere metallische oder nichtmetallische Elemente anlagern. Sie heißen dann je nach Struktur Hornblende, Glimmer oder Feldspat, die Feldspäte wiederum werden je nach Anlagerung in Orthoklase und Plagioklase unterschieden.
All das überlagert sich bei der Definition einer Gesteinsart. So sind also Umwandlungsgesteine, die aus Sedimenten entstanden sind (sogenannte Paragesteine), aus mehreren verschiedenen Silikaten zusammengesetzt. Für Laien sind diese Zusammenhänge – zugegeben – etwas verwirrend.

Auch Steine verwittern

Noch verwirrender wird es, wenn wir die Entwicklung des so definierten Gesteins weiterverfolgen: Unter Einfluß von Wasser, extremen Temperaturen sowie chemischen und biologischen Prozessen verändert sich die Konsistenz der Gesteine – sie verwittern. Dabei sind manche Arten stabiler, während andere sehr leicht verwittern und rasch neue, »sekundäre« Minerale bilden: die Tonminerale sowie Oxide und Hydroxide.

Unsere Gesteine sind durch vulkanische und klimatische Prozesse entstanden und verwittern mit der Zeit.

Die **Tonminerale** sind eine Fortentwicklung der Schichtsilikate. Sie besitzen eine große spezifische Oberfläche und sind sehr quellfähig; mit diesen Eigenschaften sorgen sie für eine Bodenstruktur, die den Pflanzen zusagt. Aufgrund ihrer chemischen Eigenschaften sind Tonminerale in der Lage, Wasser und Nährstoff-Ionen so zu binden, daß sie nicht in tiefere Schichten absinken, aber doch an die Pflanzen abgegeben werden: Die Nährstoffe lassen sich gegen andere Ionen austauschen und kommen dadurch als freie Ionen in die Bodenlösung, so daß sie von den Wurzeln aufgenommen werden können.
Ein an Tonmineralen reicher Boden bietet vom mineralischen Untergrund her die besten Voraussetzungen für erfolgreichen Pflanzenbau.
Neben dem Humus stellen sie die wichtigste Komponente für die Bodenfruchtbarkeit dar, und gemeinsam bilden sie das Nonplusultra aller Bodenbestandteile, die sogenannten Ton-Humus-Komplexe. Von ihnen wird später noch die Rede sein (S. 15).

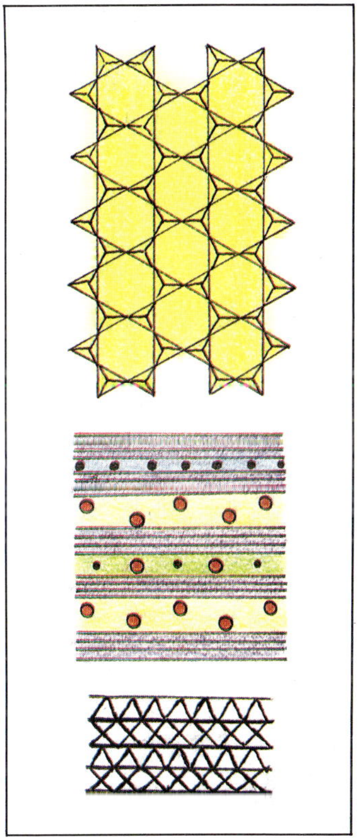

Das Grundgerüst aller Tonminerale besteht aus Silikat-Schichten (oben). Sie wechseln sich mit anderen ab, die durch Metalle, z.B. Aluminium, geprägt sind (unten). Zwischen diesen mehrschichtigen Gefügen werden Nährstoff-Ionen angelagert (Mitte).

Die Körnung des Feinbodens

Bei der Verwitterung entstehen nicht nur neue Gesteinsarten: Die Ausgangsformen werden auch ganz einfach zu unterschiedlichen Körnungsgrößen zerkleinert. Im Zusammenhang mit dem Pflanzenwachstum interessiert uns in erster Linie der Feinboden, der erst bei einer Teilchengröße von weniger als 2 mm beginnt. Denn diese Fraktionen entscheiden darüber, wieviel Wasser und Luft in den Zwischenräumen, den »Poren« des Bodens, einerseits Platz finden und andererseits gebunden werden können. Man unterscheidet sie wissenschaftlich exakt nach den Korngrößen:

Sand	2–0,063 mm
Schluff	0,063–0,002 mm
Ton	< 0,002 mm

Zwischen den relativ groben Sandkörnern bleiben entsprechend große Poren, durch die das Wasser rasch versickert. Auch Nährstoffe kann der **Sand** kaum festhalten. Andererseits füllen sich die Zwischenräume reichlich mit Luft, die für Pflanzenwurzeln unentbehrlich ist. Bei der Bodenbearbeitung leistet das lockere Substrat dem Gärtner wenig Widerstand, und auch für die Pflanzen ist es leicht zu durchwurzeln.
Ganz im Gegensatz dazu der **Ton:** Die winzigen Teilchen sind stark »verklebt«, sie lassen sich nur mühselig durchdringen und bilden kaum Zwischenräume. Wenn der Boden nicht gerade völlig ausgetrocknet ist, haftet in diesen Zwischenräumen Wasser, und zwar so kräftig gebunden, daß es nur in geringem Maße an die Pflanzen abgegeben wird. Deshalb können sie in einem Tonboden rasch Welkeerscheinungen zeigen, obwohl eigentlich genügend Wasser vorhanden wäre. Luft hat in den wenigen wassergefüllten Zwischenräumen sowieso kaum Platz. Dafür können sich an den vielen winzigen Teilchen mit relativ großer Oberfläche in hohem Maße Nährstoffe anlagern.
Der **Schluff** liegt mit all seinen Merkmalen genau zwischen diesen beiden Extremen: Sowohl was die Teilchen selbst betrifft, als auch die Poren, die sie bilden, und damit auch die Voraussetzungen für Luft- und Wasserhaushalt, Nährstoffspeicherung und Bearbeitbarkeit. Trotzdem stellt Schluff noch nicht das Optimum eines Mineralbodens dar.
Da in der Praxis in den seltensten Fällen ein »reinrassiger« Boden nur mit einer, klar definierbaren Korngrößen-Fraktion vorliegt, müssen meist die Mischungen definiert werden. Da gibt es dann schluffigen Sand, tonigen Schluff, sandigen Ton usw. Für einen Boden, in dem alle drei Bestandteile gemischt vorhanden sind, existiert eine neue Bezeichnung, die allgemein bekannt ist: **Lehm.** Je nach vorherrschender Körnungsart spricht man auch hier beispielsweise von sandigem oder tonigem Lehm. Im schluffigen Lehm schließlich findet sich die optimale Mischung aller physikalischen Eigenschaften, was ihren Einfluß auf das Gedeihen der Pflanzen betrifft.

Die Körnung erkennen

Mittels sehr einfacher Untersuchungsmethoden kann sich auch der Laie darüber Klarheit verschaffen, welche Körnungsgröße in seinem Garten vorherrscht. Schon mit der bloßen Hand können mit etwas Feingefühl und Übung die überwiegenden Bestandteile erkannt werden.

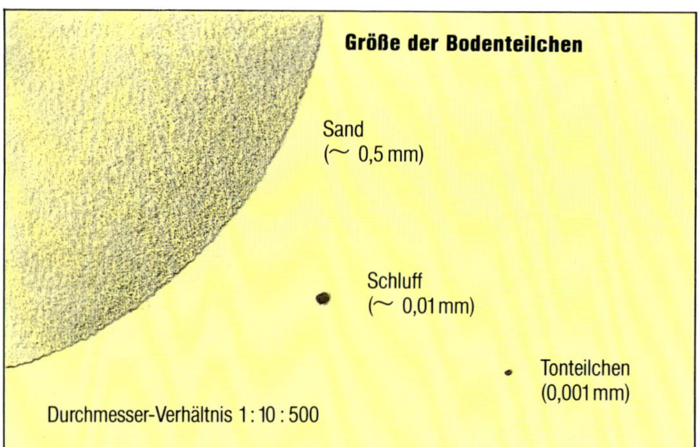

Für uns kaum unterscheidbar, in Wirklichkeit riesige Relationen: die Größe der Bodenteilchen.

Lehmiger Boden läßt sich mit glatten Schnittflächen abstechen, wird aber rissig.

Fingerprobe
Beim Sand lassen sich die einzelnen Körnchen deutlich erspüren, sogar mit bloßem Auge sehen. Sie bleiben nicht an den Fingern haften und können nur in völlig nassem Zustand »gebacken« werden, sich also zu einem größeren Kolloid formen lassen.
Schluff fühlt sich leicht mehlig an, die Einzelkörner sind nicht mehr zu unterscheiden. Das Material haftet zwar ein wenig, läßt sich aber nicht mit der Handfläche ausrollen und kaum zu Formen kneten.
Lehm besteht größtenteils aus Feinsubstanz, enthält aber auch deutlich fühlbare (Sand-)Körner. Er ist bindiger und formbarer als alle vorausgegangenen Materialien und läßt sich zu bleistiftstarken »Würsten« ausrollen. Dabei wird er allerdings rissig.
Ton schließlich ist so plastisch, daß er nur noch als geschlossene Form mit mehlig-glatter Oberfläche erscheint. Er läßt sich gut zu »Würstchen« ausrollen, die bei Verformung kaum rissig werden. Je nach beigemengten Körnchen bzw. Feinsubstanz kann das Substrat noch genauer bezeichnet werden (»sandig«, »tonig« usw.).

Zur **Schlämmprobe** wird ein Teil des Substrats in einem durchsichtigen Gefäß mit Wasser aufgefüllt und kräftig geschüttelt. Während die groben Sandkörchen schon nach wenigen Minuten auf den Boden gesunken sind, bleibt eine Tonlösung noch lange getrübt und hat nach etwa einer halben Stunde eine rötliche Färbung angenommen. Schluff und Lehm nimmt wiederum eine Mittelstellung ein, während sich beim Lehm die verschiedenen Fraktionen erkennen lassen. Auch der Humusgehalt kann bei dieser Probe festgestellt werden: Er macht sich als dunkle, fast schwarze Färbung der Flüssigkeit bemerkbar, denn die Humusstoffe sind wasserlöslich.

Bodenleben und Humus

In jeder Handvoll gesunder Gartenerde wimmeln weitaus mehr Lebewesen, als es Menschen auf der ganzen Erde gibt. Aber nicht nur die Zahl dieser Lebewesen soll uns beeindrucken, sondern vor allem ihre Leistungen, die all den »höheren« Lebewesen erst die Existenz ermöglichen.
Die Zusammensetzung der Arten variiert natürlich von Boden zu Boden. Es gibt zum Beispiel sogenannte *aerobe* Mikroorganismen, die auf luftgefüllte Poren angewiesen sind; für die *anaeroben* Arten dagegen wirkt Sauerstoff wie Gift. Sie leben bevorzugt in tieferen oder wassergesättigten Bodenschichten. Dem Pflanzenwachstum sind sie eher abträglich, was man auch mit der Nase feststellen kann, denn bei ihrem Stoffwechsel entlassen sie übelriechende Gase.

Die Bodenflora

Die **Einzeller** sind größtenteils Spezialisten für bestimmte Nährstoffe. Am bedeutsamsten sind die nitrifizierenden und die stickstoffbindenden **Bakterien** (u.a. *Azotobacter* oder die Knöllchenbakterien), die für den natürlichen Umlauf dieses Hauptnährstoffs verantwortlich sind. In einem Quadratmeter gut belüfteten Oberbodens findet man Billionen dieser nützlichen Organismen; sie sind zahlenmäßig die häufigsten. **Strahlenpilze** (Actinomyzeten) und echte **Pilze** bilden jeweils ein Geflecht, und in beiden Gruppen gibt es Arten, die natürliche Antibiotika produzieren können; erstere sind allerdings nur Einzeller. Pilze können nicht unter Luftabschluß existieren. Häufig bilden sie eine Lebensgemeinschaft (Mykorrhiza) mit Pflanzen, wobei beide vom Stoffwechsel des Partners profitieren. Wo keine Pilze mehr existieren können, sind deshalb auch häufig die Pflanzen geschwächt.
Algen gehören schon zu den höher entwickelten Pflanzen, die mit Hilfe der Photosynthese das Sonnenlicht als Energiequelle nutzen können. Dies gelingt nur in den obersten Bodenschichten; dort sind sie häufig als grünlicher Überzug erkennbar. Gemeinsam mit den **Flechten** sind sie die ersten Organismen, mit denen die biologische Verwitterung der Gesteine ihren Anfang nimmt.

Die Springschwänze gehören zu den Kleinsttieren, die am Humusaufbau mitwirken.

Links: Ein starkes Vorkommen an Regenwürmern weist auf eine gute Bodenqualität hin. Rechts: Die Knöllchenbakterien an den Leguminosenwurzeln können Stickstoff aus der Luft binden.

Tierische Vielfalt

Die einzelligen Urtierchen gehören zu die ersten Lebewesen, die ein Substrat besiedeln. Gemeinsam mit den Wimpertierchen, Wurzelfüßlern und Geißeltierchen bilden die winzigen Lebewesen die sogenannte **Mikrofauna.** Mit einigen Hundert Milliarden von Individuen pro Quadratmeter Oberboden bilden sie die zahlenmäßig größte Tiergruppe.
Im Gegensatz zu diesen sind die Mitglieder der **Mesofauna** zumindest schon mit der Lupe erkennbar. Die größte Anzahl stellen die Fadenwürmer (Nematoden), die sich in den meisten Fällen von Bakterien ernähren. Milben und Borstenwürmer, Springschwänze und Rädertierchen zählen noch zu dieser Gruppe. Deren Dauerformen sind teilweise in der Lage, längere Trockenheitsperioden zu überstehen.
Was ohne weiteres mit bloßen Augen sichtbar ist, wird als **Makrofauna** bezeichnet. Die Tiere sind deshalb auch allgemein bekannt: Asseln, Spinnen, Doppel-, Hundert- und Vielfüßler, Kleininsekten und deren Larven gehören ebenso dazu wie Schnecken und Regenwürmer. Sind die letztgenannten in großer Zahl vorhanden, so ist das ein Hinweis auf gute Bodenqualität.

Die Entstehung von Humus

Regenwürmer produzieren durch ihre Fraßtätigkeit mehr Humus als alle anderen Lebewesen. Zuvor werden die pflanzlichen Abfälle von Bakterien und Pilzen »vorverdaut«. An der weiteren Zersetzung sind zahlreiche Kleintiere beteiligt. Ganz zum Schluß wird das Eiweiß in seine Bestandteile zerlegt: Wasser, Kohlendioxid, Minerale und Nährstoff-Ionen. Diese werden schließlich unter geeigneten Umständen bei chemischen Reaktionen zu den **Huminstoffen** zusammengesetzt. Sie repräsentieren den Humus und das, was der Gärtner bei der Bodenpflege anstrebt: Auf leichteren Böden sollten es mindestens 3–4 % Humusgehalt sein, auf schweren etwa 6 %.
Es kann in der Natur Jahrhunderte dauern, bis sich eine Schicht von wenigen Zentimetern bildet. Auf reichen Böden entsteht **Mull.** Diese Humusform wird zwar laufend abgebaut und setzt dabei Nährstoffe frei, kann jedoch die Bodenstruktur nur vorübergehend verbessern.
In völligem Gegensatz dazu steht der **Rohhumus;** er verbessert die Bodenstruktur nachhaltig, liefert aber keine Pflanzennahrung. Diese Humusform entsteht vor allem auf sauren, nährstoffarmen Böden. Der **Moder** nimmt eine Übergangsstellung zwischen diesen beiden Extremen ein.

Bodenarten und ihre Eigenschaften

Die horizontale Schichtung

Nun haben wir schon die Ausgangsgesteine und deren Umwandlungsformen, die verschiedenen Korngrößen und die Entstehung von Humus kennengelernt. Je nach Umständen bildet sich im Boden eine horizontale Schichtung dieser Elemente, die für ihren Standort typisch ist und eine Benennung der Böden ermöglicht.
Beurteilt werden etwa die obersten zwei Meter eines Bodens. Die unterste Schicht besteht aus dem kaum zersetzten Ausgangsgestein des Mutterbodens und wird als C-Horizont bezeichnet. Darüber folgt eine Zone aus verwittertem Ausgangsgestein, in die sich schon einige Teile des Oberbodens hineingemischt haben, der sogenannte B-Horizont. Die bewachsene Oberkrume besteht größtenteils aus organischem Material und ist je nach Humusform unterschiedlich stabil und stark; man nennt sie – richtig geraten – den A-Horizont.
Diese Horizonte und ihre unterschiedlichen Stärken sind im seitlichen Schnitt gut erkennbar, weil die Schichten je nach Material und dessen Zustand auch unterschiedliche Färbungen aufweisen. Die humose Oberschicht ist sehr dunkel, braun bis schwarz gefärbt, die organischen Abfälle sind mehr oder weniger gut erhalten. Der B-Horizont zeigt vor allem den Feinboden: Körnung und Färbung geben Hinweise auf das Gestein; blaue oder rötliche Bereiche lassen auf Staunässe schließen. Graufärbungen sind in der Regel ein Alarmzeichen für übernäßte oder versauerte Zonen. Im C-Horizont schließlich werden die Bodenbestandteile immer größer.
Humusreiche Böden mit Wasserzonen zum Beispiel heißen dann **Gley** (am Grundwasser) oder **Pseudogley** (bei verdichteten Zonen), ein leichter, saurer, brauner B-Horizont mit einer krümeligen Humusschicht und fließenden Übergängen deutet auf **Braunerde** hin. Bei einer dünnen Humusdecke mit viel unzersetztem Material über einem mehrschichtigen, verdichteten Unterboden spricht

man vom **Podsol.** Ist der Unterboden dagegen hell vom Kalk, handelt es sich um einen **Rendzina.**
Solche Bodenarten sind oft für ganze Landstriche typisch. Im Garten ist es nicht unbedingt erforderlich zu wissen, welchen Boden man vor sich hat. Der Unterboden und die natürliche Humusschicht geben zwar wichtige Faktoren vor. Aber der Gärtner möchte ja aktiv die Verhältnisse verändern, eine fruchtbare Humusschicht anreichern und diese innig innerhalb der Wurzelschicht mit dem Mutterboden vermischen, so daß Bodenlebewesen und Pflanzen optimale Bedingungen vorfinden und durch gezielte Düngungsmaßnahmen gesund ernährt werden können.

Durch geeignete Maßnahmen soll ein garer Boden erreicht werden.

Bodengare – die biologische Qualität des Bodens

Das Ideal eines Bodens steht uns in den wenigsten Fällen zur Verfügung. Wir müssen mit dem auskommen, was uns zu Füßen gelegt wurde. Aber wir haben uns dem Ideal erfolgreich angenähert, wenn man den Boden als »gar« bezeichnen kann. Ein guter Boden soll nämlich Eigenschaften besitzen, wie sie auch bei einem garen Teig angestrebt werden: locker und elastisch mit einem angenehmen Geruch; die Krümel müssen dabei so stabil sein, daß der geregelte Luft- und Wasserhaushalt nicht beim ersten Regenguß wie ein Kuchen zusammenfällt. Gare Bodenteilchen werden durch Pilzgeflechte oder tierische Ausscheidungen so zusammengehalten, daß sie nicht so rasch verschlämmen. Man spricht in dem Zusammenhang von der »Lebendverbauung« des Bodens.
Die zerklüfteten Krümel verfügen über eine relativ große Oberfläche, die neben dem Wasser auch Nährstoffe so speichern können, daß sie zwar vor Auswaschungen geschützt, aber für die Pflanzenwurzeln verfügbar sind. Besonders günstig wirken die schon erwähnten Ton-Humus-Komplexe (siehe S. 15). Im Großen und Ganzen entspricht die Bodengare dem Zustand eines humosen Bodens mit einer breitgefächerten Körnung, wie dies beim Lehm der Fall ist. Einen entscheidenden Einfluß hat auch das Ausgangsgestein, denn es bestimmt die

Die typische Folge von Humusschicht, Verwitterungshorizont und Untergrund definiert die Bodenart.

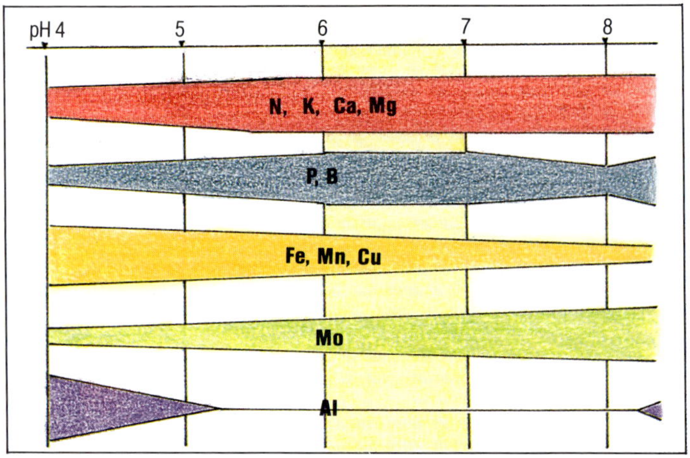

Die Verfügbarkeit der einzelnen Nährstoffe ist vom pH-Wert abhängig. Das Optimum liegt im Bereich zwischen 6 und 7.

natürlichen Nährstoffgehalte, die von den mineralischen Bodenbestandteilen angeliefert werden.
Der Anteil an Humus in der Erde wird übrigens in der Regel über den Kohlenstoff-Gehalt bestimmt. Während Böden mit weniger als einem Prozent organischer Substanz als humusarm gelten, kann man bei mehr als 10 % von humusreich sprechen. Bei über 15 % liegt ein anmooriges Substrat vor, bei mehr als 30 % ein torfiges. Diese Zahlen alleine sagen jedoch nur wenig über die tatsächliche Qualität des Bodens aus.

Der pH-Wert – ein Maß für die Nährstoffverfügbarkeit

Ein wesentlich häufiger gebrauchtes Instrument zur Bodenbeurteilung ist der **pH-Wert.** Er gibt Auskunft darüber, ob und in welchem Maß die Bodenlösung eine saure oder alkalische Reaktion besitzt. Genaugenommen gibt er an, wieviele H^+-Ionen sich frei in der Bodenlösung bewegen. Dazu benützt man den negativen Potenzexponenten: Bei Werten unter 7 liegen die H^+-Ionen im Überschuß vor, und man spricht von einer sauren Reaktion. Bei Werten von 7 bis 14 überwiegen die freien OH^--Ionen, was zu einer alkalischen Reaktion führt, ähnlich einer Seifenlauge. pH 7 bezeichnet man als Neutralpunkt: In dem Fall beträgt die Wasserstoff-Ionen-Konzentration 10^{-7} = 0,0000001 g/l, sie liegt damit im Gleichgewicht mit den OH^-- Ionen.
Der pH-Wert hängt eng mit dem Kalkgehalt zusammen, denn Kalk sorgt für eine große Zahl freier OH^--Ionen. Damit wird die durch den Humus, die meisten anderen Gesteine und den sauren Regen geförderte saure Reaktion weitgehend ausgeglichen. Neutrale bis mässig saure Böden im Bereich von 5 bis 7,5 sind für die meisten unserer Kulturpflanzen optimal. Werte über 8, also deutlich alkalische Böden, kommen in der Natur praktisch nicht vor. Extrem saure Moorböden können Werte bis um pH 3 und damit einen Säuregehalt ähnlich der Essigsäure erreichen. An solchen Standorten verändert sich die Verfügbarkeit der Nährstoffe völlig, weshalb hier auch nur eine ganz spezialisierte Pflanzengesellschaft existieren kann. Denn der pH-Wert beeinflußt nicht nur direkt die Lebensbedingungen für Mikroorganismen und Pflanzen, sondern auch den elektrochemischen Bindungszustand der Pflanzennährstoffe. Im sauren Bereich nimmt zum Beispiel die Verfügbarkeit von Kalium, Calcium und Magnesium stetig ab, unter 5 werden sogar toxische Aluminiumverbindungen gebildet. Im alkalischen Bereich dagegen ist vor allem die Eisen- und Manganversorgung gefährdet.
In der Natur herrschen die Säuren vor. Zusätzliche Belastungen allerdings, durch Industrie- und

Autoabgase sowie den schon sprichwörtlichen Sauren Regen, machen es notwendig, der drohenden Versauerung unserer Böden entgegenzuwirken. Obwohl selbst auf Säuren aufbauend, ist der Humus ein wirkungsvoller Puffer, das heißt, er kann den pH-Wert entgegen wechselnden Einflüssen in einem konstanten Rahmen halten. Die weitverbreitetste und kurzfristig wirksamste Maßnahme zur Anhebung des pH-Werts ist eine Kalkgabe.

Durch Einrechen von Kompost wird das Bodenleben gefördert. Außerdem kann er extreme Einflüsse abpuffern.

Einfluß von Düngemitteln auf die Bodenstruktur

Kalk und Gesteinsmehl werden zwar mineralisch gewonnen, aber von allen Seiten als naturnahe Bodenverbesserungsmittel akzeptiert. Denn ihre Wirkung liegt nicht in der Nährstoffzufuhr, sondern im Einfluß auf chemische und physikalische Eigenschaften des Bodens (siehe S. 52 und 54). Und dieser Einfluß ist positiv – vorausgesetzt, man wendet diese Mittel fachgerecht in der richtigen Situation an.
Der Einfluß der übrigen mineralischen Dünger auf die Bodenstruktur ist eher negativ: Durch eine tiefgreifende Veränderung des Milieus werden die humusbildenden Organismen langfristig verdrängt – das Bodenleben verarmt, teils weil es nicht mehr benötigt wird, teils weil bei lokal hoher Salzkonzentration seine Existenz bedroht ist. Organische Dünger können zwar ebenfalls bei direktem Kontakt die Mikroorganismen beeinträchtigen, aber nur in Einzelfällen, zum Beispiel wenn sie hochkonzentriert sind. Aber da sie diesen Lebewesen auch als Nahrung dienen, werden negative Wirkungen in der Regel ausgeglichen, die Lebendverbauung wird gefördert.

Pflanzen zeigen die Bodenverhältnisse an

Es ist kein Zufall, wenn aus der Vielzahl der in der Erde befindlichen Samen nur eine kleine Gruppe keimt und jeder Garten von typischen Wildkräutern besiedelt wird. Die Samen reagieren nämlich auf die Ungleichgewichte im Boden:

- zu hohe oder zu geringe Feuchtigkeit,
- Überfluß oder Mangel an Nährstoffen,
- saure oder alkalische Bodenreaktion,
- kalkarme oder kalkreiche Verhältnisse,
- die Stärke der Wurzelschicht
- und die Nutzungsart.

Mit dem Ausrotten der »Unkräuter« ist es nicht getan. Solange die Ungleichgewichte im Untergrund nicht behoben sind, tauchen auch immer wieder die gleichen Pflanzen auf. Sinnvoller ist es, daraus Rückschlüsse auf die Bodenverhältnisse zu ziehen, um den Plagegeistern langfristig die Lebensgrundlage zu entziehen. Eine Bodendiagnose mit Hilfe sogenannter Zeigerpflanzen ist allerdings nicht so einfach, wie das manchmal dargestellt wird. Sie kann analytische Laboruntersuchungen zwar sinnvoll ergänzen, aber nie ganz ersetzen.

Oben: Der Ackerschachtelhalm weist auf einen verdichteten Boden hin.
Unten: Der Kleine Sauerampfer stellt wesentlich andere Ansprüche als der Stumpfblättrige.

Eine Miere macht noch keinen Humus

Man benötigt ausgezeichnete Pflanzenkenntnisse, um ähnliche Arten mit unterschiedlichen Ansprüchen zu identifizieren. Es genügt zum Beispiel nicht, die Ampfer grob zu kennen: Während der Kleine Sauerampfer *(Rumex acetosella)* für saure, nährstoffarme Böden steht, wächst der Stumpfblättrige Ampfer *(R. obtusifolius)* ausschließlich auf alkalischem und nährstoffreichem Untergrund. Zur Unterscheidung nimmt man am besten einen guten Pflanzenführer zu Hilfe (z.B. »Der große BLV-Pflanzenführer« von Schauer/Caspari).
Eine Schnelldiagnose der Art »Ein Gänseblümchen – viel Stickstoff« läßt sich nur selten halten; dafür sind zuviele Faktoren an der natürlichen Vegetationsentstehung beteiligt. Deshalb sollte man sich nicht auf Einzelgänger, sondern nur auf ganze Pflanzengesellschaften verlassen: Eine größere Gruppe von Kräutern und Gräsern kann sich nicht gemeinsam verirrt haben! Also erst nachdem mehrere typische Zeigerpflanzen identifiziert wurden, kann man mit großer Wahrscheinlichkeit einen Rückschluß auf die Bodenverhältnisse ziehen.

Anzeiger für hohen Stickstoffgehalt

Giersch *(Aegopodium podagraria)*
Hirtentäschelkraut *(Capsella bursa-pastoris)*
Weißer Gänsefuß *(Chenopodium album)*
Garten-Wolfsmilch *(Euphorbia peplus)*
Franzosenkraut *(Galinsoga parviflora)*
Klettenlabkraut *(Galium aparine)*
Kreuzkraut *(Senecio vulgaris)*
Kohl-Gänsedistel *(Sonchus oleraceus)*
Vogelmiere *(Stellaria media)*
Brennessel *(Urtica* spec.)
Persischer Ehrenpreis *(Veronica persica)*

Anzeiger für geringen Stickstoffgehalt

Ackerfuchsschwanz *(Alopecurus myosuroides)*
Acker-Hohlzahn *(Galeopsis ladanum)*
Behaarte Wicke *(Vicia hirsuta)*

Anzeiger für Verdichtungen und Staunässe

Ackerfuchsschwanz *(Alopecurus myosuroides)*
Strahllose Kamille *(Chamomilla suaveolens)*
Acker-Kratzdistel *(Cirsium arvense)*
Ackerschachtelhalm *(Equisetum arvense)*
Breitwegerich *(Plantago lanceolata)*
Wiesenknöterich *(Polygonum bistorta)*
Ampferknöterich *(Polygonum lapathifolium)*
Gänse-Fingerkraut *(Potentilla anserina)*
Kriechender Hahnenfuß *(Ranunculus repens)*
Huflattich *(Tussilago farfara)*

Anzeiger für Trockenheit

Sommer-Adonisröschen *(Adonis aestivalis)*
Färberkamille *(Anthemis tinctoria)*
Reiherschnabel *(Erodium cicutarium)*
Schmalblättriger und Acker-Hohlzahn *(Galeopsis angustifolia, G. ladanum)*
Kleiner Storchschnabel *(Geranium pusillum)*
Mittlerer Wegerich *(Plantago media)*

Anzeiger für alkalischen Boden

Schmalblättriger und Acker-Hohlzahn *(Galeopsis angustifolia, G. ladanum)*
Wiesenstorchschnabel *(Geranium pratense)*
Luzerne *(Medicago sativa)*
Esparsette *(Onobrychis viciifolia)*
Kriechendes Fingerkraut *(Potentilla reptans)*
Wiesensalbei *(Salvia pratensis)*
Ackersenf *(Sinapis arvensis)*
Acker-Stiefmütterchen *(Viola arvensis)*

Anzeiger für sauren Boden

Hundskamille *(Anthemis arvensis)*
Schmalblättriges Weidenröschen *(Epilobium angustifolium)*
Kleiner Sauerampfer *(Rumex acetosella)*
Hasenklee *(Trifolium arvense)*

Anzeiger für Bodengare

Weißer Gänsefuß *(Chenopodium album)*
Wolfsmilch-Arten *(Euphorbia* spec.)
Erdrauch *(Fumaria officinalis)*
Franzosenkraut *(Galinsoga parviflora)*
Taubnessel-Arten *(Lamium* spec.)
Knöterich-Arten *(Polygonum* spec.)
Vogelmiere *(Stellaria media)*
Kleine Brennessel *(Urtica urens)*
Ehrenpreis *(Veronica hederifolia, V. persica)*

Der Kompostplatz

Während in der Natur die abgestorbenen Pflanzenteile dort, wo sie anfallen, auf dem Boden liegenbleiben, verrotten und zu Humus werden, räumt sie der ordnungsliebende Gärtner von Beeten, Rasen und Wegen ab und bringt sie an einen gemeinsamen Sammelplatz. Dort wird er das Material mischen und versuchen, gezielt einen Rotteprozeß voranzutreiben, um gleichfalls wertvollen Humus zu erzielen. Man nennt diesen Vorgang Kompostierung.

Die richtige Lage

Die strategische Lage innerhalb des Gartens ist natürlich genau zu überdenken: Einerseits fallen laufend irgendwelche Abfälle an, so daß es von Vorteil ist, wenn man den Kompost rasch und einfach erreichen kann. Andererseits ist der Kompostplatz in vielen Augen nicht unbedingt eine große Zierde, um an zentraler und gut einsehbarer Stelle zu liegen; deshalb wird man ihn vielfach dezent in ein stilles Eckchen verbannen, das aber durch Wege gut erreichbar sein muß. Außerdem sollte keinesfalls zu eng geplant werden: Beim Aufsetzen und Abbauen muß mit Schubkarre und Schaufel hantiert werden, und dabei sollte man nicht dauernd am Zaun oder im nächsten Gebüsch hängenbleiben. Ein befestigter Untergrund der Arbeitsstelle (nicht für den Kompost selbst!) erleichtert vor allem bei nasser Witterung die Arbeit. Zusätzlich empfiehlt es sich in der Regel, den Platz für zwei Mieten bzw. Behälter vorzusehen. Dann kann man an der einen Stelle zuerst ungeordnet sammeln und später aufsetzen, während vom älteren Kompost bereits geerntet werden kann.
Das Klima am Kompostplatz sollte keine Eigenschaften aufweisen, die dem Rotteprozeß im Wege stehen. Zum Beispiel sollte er nicht der prallen Sonne ausgesetzt sein, weil das Material sonst rasch austrocknet, und ohne Feuchtigkeit geht die Rotte nicht voran. In rauhen Gegenden kann man eine Ausnahme gelten lassen, wenn der Kompost sonst umgekehrt dauernd tropfnaß ist. Auch ein leichter Schutz gegen Niederschläge erweist sich auf Dauer von Vorteil: Damit das Material in Regenperioden nicht völlig vernäßt, vor allem aber um Auswaschungsverlusten vor-

zubeugen (dazu kommen wir später noch einmal; siehe S. 35). Optimal ist der halb durchlässige Schutz eines Blätterdachs, also im Halbschatten unter einem Laubbaum oder einem Strauch.
Nicht vergessen sollte man auch das Verhältnis zum Nachbarn. Unterschiedliche Auffassungen, aber auch schon bloße Antipathien können dazu führen, daß sich am Kompost ein Streit entzündet, wenn er sich nahe der Gartengrenze befindet. Grundsätzlich kann niemand dem Nachbarn die Kompostierung verbieten, auch wenn er selbst den Platz für »unordentlich« hält. Allerdings muß der Kompostfreund mit seiner fachgerechten Pflege dafür sorgen, daß der Nachbar nicht über Gebühr durch Gestank oder Ungeziefer belästigt wird. Und wenn er den Kompost genau neben der benachbarten Terrasse oder dem Kinderspielplatz anlegt, muß er sich unter Umständen bei einer juristischen Auseinandersetzung Böswilligkeit vorwerfen lassen. Am besten ist, man sucht von vornherein Gespräch und Verständigung mit der Nachbarschaft, um den Frieden zu erhalten.

Rechts: In großen Gärten genugt eine fachgerechte Miete.

Unten: Am geschützt liegenden Kompostplatz sollte genügend Platz sein zum Arbeiten.

Offene Mieten

Die sogenannte Miete ist die Mutter aller Kompostierungsformen. Denn eigentlich braucht man keinen Behälter, um die Rotte in Gang zu bringen. Es genügt, die Materialien fachgerecht aufzuschichten und eventuell abzudecken. Das einzige, was gegen offene Mieten spricht, ist ein zu geringes Platzangebot. Denn eine ausgebreitete Miete nimmt selbstverständlich mehr Platz in Anspruch als ein hoher, geschlossener Behälter, der zusätzlich auch noch dafür sorgt, daß die organischen Abfälle nicht allzu sehr ins Auge fallen.
Eine solche Miete kann nach ihrem Gipfel spitz zulaufen, oder sie kann klassisch als Trapez angelegt werden. Wichtig ist, daß auch in den Kern Luft eindringen kann – die ist für die Rotte notwendig. Als Maß emp-

fiehlt sich eine Basisbreite von bis zu 2 m. Die Höhe wird dadurch automatisch auf etwa 1,50 m beschränkt, weil die Miete sonst nicht stabil steht. An diese Form läßt sich beliebig lang anstückeln, so daß hinten neue Abfälle aufgehäuft werden, während man vorne den alten Kompost bereits ernten kann. Aber man kann auch eine zweite Miete anfangen. Das ist alles eine Platzfrage. Ob man dagegen das Material entsprechend der alten Lehre in dünnen Schichten aufsetzt oder einfach gut durchmischt, ist eher eine Stilfrage.

Mit etwas Übung verläuft die Rotte in geschlossenen Behältern schneller. Aus Maschendraht lassen sich die billigsten Behälter herstellen.

Kompostbehälter

Kompostbehälter sind dann unumgänglich, wenn nicht genügend Platz zur Verfügung steht. Aber die unterschiedlichen Behälter können auch – je nach Geschmack – ganz attraktiv aussehen und alleine deshalb bevorzugt werden. In vielen Fällen bietet es sich an, neben der Miete einen kleineren Behälter aufzustellen, in dem die unansehnlichen Abfälle zunächst gesammelt werden, bevor man sie von Zeit zu Zeit fachgerecht durchmischt und zur Miete aufschichtet.
Hat man sich grundsätzlich für einen Behälter entschieden, folgt als nächstes die Frage nach dem Material und der Bauweise: Wird ein Behälter aus Holz selbst gezimmert, oder leistet man sich ein Fertigprodukt mit stabilen Betonpfeilern aus dem Baumarkt? Soll es lieber ein kleiner und unflexibler Behälter sein, der dafür billig ist, ein geschlossener Behälter aus Kunststoff oder gar eine gemauerte Doppelbox? Vor dieser Entscheidung ist es nützlich, einige der maßgeblichen Eigenschaften kennenzulernen. Zunächst sollte möglichst ein Volumen von mindestens 1 m^3 angestrebt werden, damit die Heißrotte einigermaßen in Gang kommen kann. Außerdem muß der Behälter einerseits möglichst offen sein, so daß von allen Seiten Luft an den Kompost herankommt; andererseits muß die Umgrenzung so dicht sein, daß nicht dauernd ein Teil des feinen Materials herauspurzelt.
Holzbehälter fügen sich am besten in das Bild eines naturnahen Gartens. Dieses Material läßt sich einfach selbst bearbeiten, so daß der Behälter entweder billig aus Reststoffen hergestellt werden kann, von einem geschickten Bastler aber auch als standortgerechte Maßanfertigung mit allen Raffinessen: Design nach Wunsch, variable Höhe, für Arbeiten leicht abnehmbare Vorderwand usw. Auch im Handel gibt es sie in nahezu allen denkbaren Variationen; leider nicht in jedem Geschäft die ganze Auswahl. Der größte Nachteil von Holzbauten ist die beschränkte Beständigkeit. Holz wird auf Dauer von Feuchtigkeit und Rotteorganismen angegriffen. Um dies zu unterbinden, kann man zu verschiedenen Tricks und (nur ungiftigen!) Holzschutzmitteln greifen. Aber ewig hält so ein Behälter trotzdem nicht, im Gegensatz zu solchen

mit **Beton- oder Steinwänden.** Sie wirken allerdings sehr wuchtig und sind auch entsprechend teuer. In kleinen Gärten wären solche Bauten eher fehl am Platze.
Daneben sind korrosionsgeschützte **Metalle** als Umwandungen für den Kompost im Handel. Auch hier darf der Luftzutritt nicht vergessen werden. Solche Behälter sind aufgrund der Wärmeleitfähigkeit des Metalls sehr witterungsabhängig, sofern keine Dämmung vorhanden ist. Sie werden meist als Fertigprodukte angeboten. Verzinkte Behältnisse führen zu einem hohen Zinkgehalt im Kompost und sind deshalb nicht zu empfehlen.
Leicht selbst herstellen läßt sich ein Behälter aus **Maschendraht.** Er wird zwar immer etwas provisorisch wirken, bleibt aber optisch eher unauffällig und ist vor allem äußerst billig herzustellen, indem man etwa drei Meter feinmaschigen Drahtzaun an den Enden zu einem Kreis verhakt. Damit das Material nicht so leicht herausfällt oder vom Wind ausgetrocknet wird, kann man die Außenwände mit Pappe oder Folie verkleiden.
Schließlich kommen noch **Kunststoffbehälter** in Frage. Hier gibt es einige offene Produkte aus Recyclingplastik im Handel. Die meisten Bauweisen aus diesem Material sind allerdings geschlossen. Damit läßt sich auf kleinstem Raum kompostieren, auch beispielsweise auf dem Balkon.
Wenn man lediglich Erfahrung mit der offenen Kompostierung hat, wird es oft schwierig, mit **geschlossenen Systemen** eine geregelte Rotte zu erzielen. Der kleine Raum, die mangelnde Durchlüftung und die fehlende Möglichkeit, das Material nachträglich zu bearbeiten – das sind zumindest anfänglich erschwerende Umstände. Einerseits neigt das Material zum Vernässen; bei direkter Sonnenbestrahlung der in der Regel dunklen Behälter dagegen besteht die Gefahr des Austrocknens. Gelingt es jedoch, optimale Verhältnisse zu erreichen, dann wird der Inhalt stark erhitzt, so daß bei der Rotte unerwünschte Keime, Unkrautsamen und Schneckeneier abgetötet werden. Geschlossene Behälter eignen sich auch für den Einsatz von Kompostwürmern (siehe S. 40).

Subventionen für Kompostbehälter:
Die Eigenkompostierung leistet einen Beitrag, Müll zu verringern, und entbindet häufig von der Verpflichtung, eine eigene Biomüll-Tonne aufzustellen. Zusätzlichen Anreiz bieten manche Gemeinden, indem sie die Anschaffung eines Kompostbehälters mitfinanzieren. Fragen Sie einmal nach!

Holzbehälter sind nicht nur aufgrund ihrer Vielfalt weitverbreitet.

Was eignet sich zur Kompostierung?

Die richtige Zusammensetzung des Komposts ist eine Kunst für sich; ideal ist eine vielfältige Mischung unterschiedlichster Materialien, denn dadurch gleichen sich Einseitigkeiten aus, sowohl was die Nährstoffgehalte als auch die Struktur betrifft; wir werden im nächsten Abschnitt noch einmal darauf zurückkommen. Zuvor aber muß man wissen, welche Materialien grundsätzlich in Frage kommen und welche nicht.

Gartenabfälle

Rasenschnitt, Rückstände vom Gemüse, verwelkte Pflanzenteile, abgeschnittene Äste von Gehölzen – all das fällt laufend in einem Garten an und kann prinzipiell kompostiert werden. Problematisch sind von Krankheiten befallene Teile sowie Unkräuter.
Die Keime der meisten Schaderreger können während des Kompostierungsprozesses, insbesondere bei der Heißrotte (siehe S. 35), unschädlich gemacht werden. Es gibt jedoch einige Krankheitserreger, die diese Bedingungen überdauern, zum Beispiel die Kohlhernie, der Feuerbrand und die Monilia. Derartig befallene Pflanzenteile entsorgt man besser in der Tonne. Sonst werden beim Ausbringen des Komposts die ansteckenden Krankheitskeime wieder im Garten verteilt.
Ein großes Problem stellen aus demselben Grund auch unerwünschte Wildkräuter dar. Vorbeugend sollten alle samentragenden Unkräuter vom Kompost ferngehalten werden, sofern eine Heißrotte nicht garantiert werden kann. Auch die Rhizome der Wurzelunkräuter, von Giersch oder Winde, sind äußerst zäh und geben ihre Lebensgeister nicht so schnell auf. Für sie gilt dasselbe.

Küchenabfälle zählen zu den nährstoffreichen Materialien.

Unkrautsamen wie -wurzeln verlieren ihre Vitalität, wenn man sie vor dem Kompostieren mindestens 14 Tage unter Wasser verjauchen läßt. Die Wurzeln kann man ebensogut eine Woche in der prallen Sonne liegenlassen.

Stallmist fällt zwar üblicherweise nicht im Garten an. Aber er hat sich seit Generationen als nährstoffreicher Zusatz bewährt, so daß an dieser Stelle zumindest an ihn erinnert werden soll. Wer sonst eher zurückhaltend düngt und die Möglichkeit besitzt, Mist zu besorgen, der sollte sich die Gelegenheit nicht entgehen lassen.

Küchen- und Haushaltsabfälle

Kartoffelschalen und andere **Rückstände vom Gemüseputzen** sind in der Regel sehr nährstoffreich. Obstreste und Kaffeesatz gelten als Leckerbissen für die Kompostwürmer. Die **Schalen von Südfrüchten** (Bananen, Orangen, Zitronen) weisen gelegentlich hohe Rückstände von Konservierungs- oder Pflanzenschutzmitteln auf. Selbst größere Mengen jedoch beeinträchtigen den Rotteprozeß nur unwesentlich, wie sich herausgestellt hat.
Fleisch- und Fischabfälle sowie **gekochte Essensreste**

Die widerstandsfähigen Wurzeln von Quecken können die Rotte überdauern.

haben nichts auf dem Kompost zu suchen. Diese Materialien besitzen nicht nur eine ungünstige Struktur; vor allem sind sie abzulehnen, weil sie Ungeziefer anlocken, wie Ratten und Mäuse.

Wer seine Kompostmaterialien sorgfältig auswählt, kommt eventuell in Konflikt mit der Müllentsorgung; denn organische Abfälle werden oft nicht mehr in der »normalen« Tonne geduldet, ungeachtet ihrer Komposteignung.

Der Inhalt des Staubsaugerbeutels ist häufig stark belastet. Alte Blumensträuße und gebrauchte Blumenerde, Haarschnitt und Wollreste, Papiertaschentücher und sogar Wegwerfwindeln aus Zellulose dagegen eignen sich zur Kompostierung; bei den letztgenannten ist lediglich die Plastikumhüllung zu entfernen.
Aus Gründen der Hygiene wird auf die **Fäkalien** von Erwachsenen besser verzichtet. Auch die Hinterlassenschaften von Hunden sind nicht gerade appetitlich, wenn sie auch weniger bedenklich sind als die der Katzen, denn diese können Krankheitserreger übertragen.
Papierabfälle sind eigentlich bei der Altpapiersammlung besser aufgehoben, können aber grundsätzlich kompostiert werden. Aus dem Ofen sollte man bestenfalls reine **Holzasche** verwenden; Kohle- oder Brikettasche sind wegen zu hoher Schwermetallgehalte völlig abzulehnen. Aber auch bereits bei der Verbrennung von Holz konzentrieren sich die Gehalte zu bedenklichen Werten, so daß Holzasche nur vorsichtig hinzugemischt werden darf. In kleinen Gärten sollte man davon Abstand nehmen.

Was nicht auf den Kompost gehört:
- Produkte, die Kunststoff enthalten
- Abfälle, die Metalle enthalten
- Glas
- Steine
- schwer verrottende organische Materialien wie Knochen, Leder oder unzerkleinertes Holz.

Voraussetzungen für die Rotte

Für eine gesunde Rotte (im Gegensatz zur ungesunden, anaeroben Fäulnis) sind folgende Faktoren notwendig:

- ausreichende Feuchtigkeit,
- Luft, im engeren Sinne Sauerstoff,
- ein passendes Verhältnis zwischen den Elementen Kohlenstoff (C) und Stickstoff (N),
- ein intaktes Bodenleben.

Der letzte Faktor hängt wesentlich von den drei zuvor genannten ab, so daß wir uns vor allem diesen widmen müssen, um unser Ziel zu erreichen.

Das Gleichgewicht von Luft und Wasser

Wasser ist für fast alle Lebensvorgänge unerläßlich, auch die Rotte kommt nicht »ohne« aus. Wenn das Substrat allerdings mit Wasser gesättigt ist, bleibt kein Platz mehr für die Luft, und auch sie ist für diesen Prozeß notwendig. Die aeroben Mikroorganismen, welche die ganze Arbeit verrichten, brauchen nämlich ebenso Sauerstoff zum Überleben wie wir. Unter Luftabschluß können nur anaerobe Lebewesen existieren, und diese vollziehen nicht die gesunde Rotte, bei der eine wohlriechende Erde mit den besten Eigenschaften für den Pflanzenbau entsteht, sondern es entsteht eine stinkende, faulige Masse, die zahlreiche Giftstoffe enthält.

Da das Wasser die Luft aus den Substratporen verdrängen kann, ist ein Gleichgewichtszustand zwischen den beiden

Links: Perlen beim Pressen einige Tropfen heraus, dann hat der Kompost die richtige Nässe. Unten: Winzige Pilze wie dieser treiben die Verrottung voran.

Lebenselementen anzustreben. Optimal ist ein Wassergehalt von 50–70 Prozent. Bei deutlich niedrigeren Werten verringert sich das Bodenleben, darüber beginnen anaerobe Organismen, sich breit zu machen.

Zur Prüfung des optimalen Feuchtigkeitsgehalts gibt es eine einfache Methode, die allerdings erst bei fortgeschrittener Rotte funktioniert: Wenn man das Kompostmaterial in der Faust ausprеßt, sollten gerade einige Tropfen zwischen den Fingern hervorquillen. Tritt mehr Feuchtigkeit aus, ist es zu naß, lassen sich keine Tropfen blicken, dann ist es zu trocken.

C/N-Verhältnis verschiedener Kompostmaterialien

Garten:	
Rasenschnitt	10 bis 25
grüne Pflanzenabfälle	20 bis 60
Laub/Nadeln	30 bis 80
Gehölzschnitt	100 bis 200
Haushaltsabfälle:	
pflanzliche Küchenabfälle	10 bis 25
Papier	100 bis 200
Sägemehl	100 bis 500
Holzasche	200 bis 500
Landwirtschaft:	
Hühnermist (frisch)	ca. 10
Stallmist	10 bis 30
Getreidestroh	50 bis 150
Rinde	100 bis 150

Das Kohlenstoff-Stickstoff-Verhältnis (C/N)

Wie auch Menschen und Pflanzen haben die an der Rotte beteiligten Mirkoorganismen einen bestimmten Bedarf an Nährstoffen. In deren Fall läßt sich die richtige Ernährung an den beiden obengenannten Elementen festmachen: Optimale Bedingungen liegen vor, wenn das sogenannte C/N-Verhältnis von Kohlen- und Stickstoff im Bereich zwischen 15:1 und 25:1 liegt; der Kohlenstoff ist also immer im Überschuß vorhanden.

Bei höheren Werten fehlt der unterbemittelte Stickstoff bei der Eiweißproduktion, der Kompost reift langsamer und zu minderer Qualität.

Ähnlich verhält es sich bei einem engeren Verhältnis von 10:1 und darunter: Der für den Zellaufbau benötigte Kohlenstoff fehlt, der überschüssige Stickstoff geht an die Luft verloren. Pflanzen- und Küchenabfälle weisen meist ein günstiges C/N-Verhältnis für die Kompostreifung auf. Bei braunen, spröden, vertrockneten oder holzigen Materialien ist der Kohlenstoff deutlich im Überschuß. Tierische Abfälle wie Mist, aber auch frischer, grüner Rasenschnitt dagegen enthalten relativ viel Stickstoff.

Wichtig ist deshalb in erster Linie eine ausgeglichene Mischung von nassem, grünem Material und trockenen, holzigen Teilen. Sie garantiert nicht nur ein einigermaßen passendes C/N-Verhältnis, sondern gleichzeitig einen ausgewogenen Luft- sowie Wasserhaushalt.

In den meisten Fällen liegt der Wert eher ein bißchen zu hoch. Dann empfiehlt es sich, zum Ausgleich einen Stickstoffdünger beizumischen. Dies wird im Kapitel über die Kompostzusätze (s. 36) ausführlicher erläutert.

Die fachgerechte Rotteführung

Je besser das Material vor der Kompostierung zerkleinert wird, desto mundgerechter erhalten es die Mikroorganismen vorgesetzt, und um so rascher geht die Umsetzung vor sich. Laub und Staudenabfälle kann man zum Beispiel mit Hilfe eines Rasenmähers stark zerfasern. Sperriges Material darf allerdings auch auf 5–10 cm Länge belassen werden. Dadurch leistet es nämlich einen wichtigen Beitrag zur Belüftung. Bei dickeren Holzabfällen genügt eine Hacke oder Axt nicht mehr. Dann wäre es gut, wenn ein Häcksler zur Verfügung steht. Für den Einzelnen lohnt sich die Anschaffung dieses lärmenden Stromfressers meist nicht; häufig kann man ihn bei der Gemeinde oder beim Gartenbau-Verein ausleihen. Oder man tut sich in der Nachbarschaft zusammen: Ein leistungsfähiges Gerät kommt immer noch günstiger als vier oder fünf billige Ausführungen für jeden einzelnen Gartenbesitzer.

Fachgerechtes Aufsetzen

Auf schweren Böden sollte man den Untergrund 20 cm tief lokkern. Darüber sorgt eine Schicht aus sperrigen Ästen und Staudenabfällen dafür, daß auch von unten Luft in den Kompost dringen kann. Gleichzeitig kann dieses kohlenstoffreiche Material nitratreiche Abwässer aufsaugen, die ansonsten verlorengehen.
Eine künstliche Trennung verschiedener Materialien ist für den Rotteprozeß eher von Nachteil. Über der sperrigen Unterschicht sollte man daher gleich beginnen, alle zuvor zerkleinerten Bestandteile gut zu vermischen und gleichmäßig aufzuschichten. Muß wegen einseitiger Zusammensetzung mit Dünger, Kalk oder Gesteinsmehl korrigiert werden, so sollte man diese Zusätze etwa alle 20 cm einstreuen.

Eine sperrige Unterschicht sorgt für Belüftung von unten.

Der Verlauf der Rotte

Nach wenigen Tagen wird es bis zu 70 °C heiß im Inneren des Komposts: Bestimmte Rotteorganismen verbrauchen beim Abbau der Substanzen viel Sauerstoff und erzeugen dabei Wärme. Während der **Heißrotte** werden zahlreiche Krankheitskeime und Unkrautsamen abgetötet, was ganz im Sinne des Gärtners liegt. Nach etwa 6–10 Wochen ist die Abbauphase abgeschlossen, die Temperatur sinkt wieder auf Normalmaß.
Während all dies in der inneren Rottezone passiert, verdichtet sie, und der Sauerstoff wird knapp. Folge: Die Rotteorganismen können nur noch eingeschränkt arbeiten. Die Randzonen dagegen erhitzen sich nicht in der beschriebenen Form. Nun kann man die Belüftung verbessern, indem man an verschiedenen Stellen einen Pflock einschlägt und wieder herauszieht. Viel besser läßt sich jedoch das Ungleichgewicht zwischen Innen und Außen ausgleichen, indem man den Kompost umsetzt. Die verdichteten Innenzonen werden dabei aufgelockert und näher an den Rand verfrachtet. Material, das sich vorher am Rand befand, soll dagegen in die Mitte kommen, damit es ebenfalls der Hitzephase unterzogen wird.
Je häufiger umgesetzt wird, um so kürzer und heftiger veläuft die Heißrotte. Allerdings ist auch der dabei gebildete Humus nicht von großer Dauerhaftigkeit, so daß lieber mehr Geduld anzuraten ist. Ein- bis zweimaliges **Umsetzen** ist sicher der beste Kompromiß zwischen den Ansprüchen des Komposts und denen des Gärtners, der auf geringen Arbeitsaufwand bedacht ist. Dann kann der Kompost nach einem halben bis ganzen Jahr verwendet werden, abhängig von Materialzusammensetzung und Aufbau. Liegt die Kompostmiete ungeschützt der Witterung ausgesetzt, dann empfiehlt sich eine **Abdeckung,** welche die direkte Sonnenstrahlung, austrocknende Winde und starke Niederschläge abhält. Bis zur Heißrotte sollten es luftdurchlässige Materialien sein, wie Schilfmatten, Jutesäcke oder Stroh. Später verhindert eine dunkle Folie am besten den Zuflug von Unkrautsamen, und die Auswaschung der freigesetzten Nährstoffe.

Kürbis und Kompost profitieren gleichermaßen von solchem Bewuchs.

Bei geschlossenen Behältern ist es für die Rotteführung wichtig, daß man ein Gefühl für den Feuchtigkeitshaushalt entwikkelt: Frische Küchenabfälle neigen besonders zum Vernässen, weil das Wasser weder verdunsten noch versickern kann. Bei sonnigem Stand dagegen heizen sich die meist dunklen Behälter so stark auf, daß der Rotteprozeß wegen Wassermangels unterbrochen wird. Das Mittelmaß sollte schon bei der Materialmischung erreicht werden, weil man im Behälter kaum mehr regulierend eingreifen kann.

Zusätze für die Kompostierung

Im Handel wird mittlerweile eine große Zahl von Kompostierungs-Hilfsmitteln angeboten. Gartenwissenschaftler sind ihnen gegenüber skeptisch. Fest steht, daß sie ihre Wirkung besonders dann entfalten, wenn der Kompost nicht gut gemischt ist. Andernfalls läßt sich kaum eine nenneswerte Beschleunigung erreichen.

Erfahrene Kompostierer schwören auf folgendes einfache Rezept: Ein Pfund Zucker gemeinsam mit einem Würfel Hefe in 10–15 Liter handwarmem Wasser lösen und über den Kompost vergießen; diese Mischung genügt für 1 m^3.

Rotteorganismen fördern oder zusetzen?

Es gibt mehrere Wege, um den Kompostierungsprozeß zu beeinflußen: Entweder durch Hinzufügen von Organismen, welche die Umsetzung bewältigen sollen, oder indem man für deren optimale Ernährung sorgt.
Um die Vermehrung der Rotteorganismen gleich zu Beginn anzukurbeln, kann man ihnen leicht verfügbare Kohlenwasserstoffe (z.B. Zucker) als Energiespender anbieten. Auf diese Weise funktioniert zum Beispiel die Zugabe von *Vinasse*, einem Abfallprodukt der Zuckerrüben-Verarbeitung, das wie manch andere Komposttarter den Mikrobionten ein »Zuckerl« anbietet.

Zur direkten Impfung mit rottefördernden Mikroorganismen werden lebendige Kulturen per Trocknung konserviert; in feuchtem Substrat lassen sie sich wiederbeleben. Am häufigsten geschieht dies mit Bakterien der Gattung *Azotobacter*, die Stickstoff anreichern und die Humusbildung fördern. Sie können allerdings erst nach der Heißrotte zugesetzt werden und finden sich bei fachgerechter Rotteführung auch von selbst ein.
Biorott besteht sowohl aus Nährstoffen als auch aus rottefördernden Mikroorganismen; zusätzlich enthält es strukturverbessernde Substratanteile (u.a. Tonminerale). Das Mittel ist seit langen Jahren im Handel und hat sich sowohl bei Praktikern als auch bei wissenschaftlichen Untersuchungen einen guten Namen gemacht.
Auf ein anderes Präparat schwören ebenfalls bereits Generationen von Gärtnern: Die Klosterschwestern der Abtei Fulda brauen seit Jahrzehnten ein Präparat aus sechs verschiedenen Kräutern, nach einer Rezeptur der britischen Kompostpionierin M. E. Bruce. Der Name: *Humofix*. Diese Mischung ahmt in vereinfachter Weise die *biologisch-dynamischen Präparate* nach, mit denen anthroposophische Gärtner ihren Kompost »harmonisieren«.

Das C/N-Verhältnis ausgleichen

Vor allem, wenn viel holziges und strohig-trockenes Material anfällt, muß das C/N-Verhältnis nach unten korrigiert werden. Sofern keine stickstoffreichen Zusatzmaterialien wie beispielsweise Stallmist zur Verfügung stehen, empfiehlt es sich, **organische Stickstoffdünger** beizugeben. Hornspäne sind für den Kompost zu bevorzugen, weil sie deutlich langsamer wirken als Hornmehl und Blutmehl (jeweils bis zu 3 kg/m^3 Kompostmaterial). Mit Rizinusschrot (bis 5 kg/m^3) läßt sich derselbe Zweck erfüllen, ebenso mit Düngejauchen aus Brennesseln oder Beinwell (siehe S. 48): Sie werden 1:5 verdünnt über die Miete gegossen.

Der Mangel an anderen Nährstoffen ist im Kompost selten. Die kali- und kalkreiche **Holzasche** sollte aufgrund ihres hohen Schwermetallgehalts nur vorsichtig beigemischt werden, nicht mehr als 5 kg pro Kubikmeter im Jahr.

Neben dem Ausgleich des C/N-Verhältnisses empfiehlt sich vor allem der Zusatz von Steinmehl.

Kalk und Steinmehl – zwei Standardgehilfen des Gärtners

Eine Kalkstreuung (siehe auch S. 54) über den Kompost gehört bei manchen Gärtnern zur festen Gewohnheit, kann aber nicht als pauschal notwendig bezeichnet werden. Lediglich bei großen Mengen von Grasschnitt und Küchenabfällen, vor allem aber bei stark säurehaltigen Blättern und Nadeln sowie bei Sägemehl empfiehlt sich eine Zugabe von **Kohlensaurem Kalk** ($CaCO_3$, bis 3 kg/m^3) dringend, um den pH-Wert in der Nähe des Neutralpunkts zu halten. Sobald jedoch Mist im Spiel ist, wäre Kalk vollkommen fehl am Platze, weil dadurch Ammoniak freigesetzt würde.

Kalkstickstoff (bis 1 kg/m^3) liefert nicht nur Kalk, sondern kann auch das C/N Verhältnis verbessern und sogar das Substrat entseuchen, weil vorübergehend hochgiftiges Cyanamid frei wird. Der Giftstoff tötet alle Lebenskeime ab, also Pilzkrankheiten, lebende Schädlinge und sogar Unkrautsamen – macht allerdings auch vor den nützlichen Organismen nicht Halt. Es konnte zwar nachgewiesen werden, daß sich nach der radikalen »Entseuchung« die förderlichen Bodenorganismen rasch wieder ansiedeln. Trotzdem wird dem Kalkstickstoff im biologischen Garten wenig Sympathie entgegengebracht.

Durch ihr hohes Speichervermögen sind **Gesteinsmehle** in der Lage, einerseits Nährstoffverluste zu verhindern und andererseits unangenehme Gerüche zu binden. Deshalb streut man sie bevorzugt über Küchenabfälle. Durch die Wahl der Körnung kann man außerdem einer einseitigen Bodenstruktur entgegenwirken: Feines Tonmehl (3–4 kg/m^3) eignet sich besser für sandige, gröberes Steinmehl (10–12 kg/m^3) eher für schwere Böden.

Sonderkomposte

Es hat seine Vorteile, wenn man ein in großen Mengen anfallendes Material getrennt kompostiert: Einseitigkeiten lassen sich gezielt ausgleichen, und als Endprodukt erhält man dafür oft ein hochwertiges Produkt mit bekannten Eigenschaften.

So wertvoll kann Mist sein

Tierische Fäkalien weisen nicht nur hohe Nährstoffgehalte auf, sondern bringen auch ein neues Lebenselement in den Boden. Allerdings sind die Unterschiede zwischen den verschiedenen Nutztierarten zu berücksichtigen.

Rindermist liegt mit seinen Eigenschaften etwa in der Mitte der verschiedenen Mistarten. Er wird sicherlich am häufigsten im Garten genutzt. Um den hohen Stickstoffgehalt auszugleichen, empfiehlt sich eine Beimischung von kohlenstoffreichem Material wie Strohhäcksel oder Sägespäne, was beim Stallmist oft schon der Fall ist. Als sinnvoll gilt auch die Zugabe von bis zu einem Drittel Erde.
Kleintiere scheiden in der Regel einen nährstoffreichen, aber sehr scharfen Kot aus. Am nährstoffreichsten, schärfsten und nassesten ist **Geflügelmist;** er benötigt unbedingt kohlenstoffreiche und strukturstabilisierende Zusätze. **Pferde- und Schafmist** darf nicht mehr als 80 cm hoch aufgestapelt werden, weil er sich sonst zu sehr erhitzt. Der Kompost muß gut ausreifen, damit es bei den Pflanzen nicht zu Verbrennungen oder anderen Problemen kommt.
Wer geruchsempfindlich ist, kann zu Beginn den Kompost mit Gesteinsmehl bestreuen. Kalk verträgt sich nicht mit Mist und hat hier nichts zu suchen! Wenn für eine ausreichende Belüftung gesorgt ist, beginnt bald die Heißrotte. In dieser Zeit ist eine Abdeckung unangebracht, weil sich der Mist sonst zu stark erhitzt. Nach dieser Phase jedoch wird das Abdekken zu einer wichtigen Maßnahme, weil sonst die vielen wertvollen Nährstoffe mit den Niederschlägen ausgewaschen werden.

Wohin mit dem Herbstlaub?

Im Herbst weiß man oft gar nicht, wohin mit dem Laub. Bei der Kompostierung verhalten sich die Blätter der verschiedenen Baumarten ebenso unterschiedlich wie die Mistarten: Gerbstoffe, Wachsüberzüge oder hohe Säuregehalte behindern den Rottevorgang.

Wohl dem, der soviel Mist hat: Nach fachgerechter Rotte liefert er einen besonders nährstoffreichen Kompost.

Nicht jede Laubart eignet sich für die Kompostierung in großen Mengen.

Schwer kompostierbar:
Walnuß, Kastanie, Platane, Fichte, Pappel
Viele Gerbstoffe, aber wertvolles Substrat:
Birke (heilkräftig), Buche (kalkreich), Eiche (für Moorbeet-Substrate)
Leicht kompostierbar:
Kern- und Steinobst, Ahorn, Linde, Weide, Esche, Eberesche, Erle, Haselnuß

Mit Hilfe eines Rasenmähers mit Auffangkorb kann man das Laub einsammeln und gleichzeitig schon zerkleinern, was die Rotte beschleunigt. Die Blätter läßt man etwas vortrocknen, die stark gerbstoffhaltigen sogar über Winter ablagern, bevor sie zur Miete aufgesetzt werden.
Zusätze von (Kompost-)Erde verringern die Gefahr, daß feuchtes Laub verklebt. Um ein günstiges C/N-Verhältnis zu erzielen, muß außerdem stickstoffreiches Material ergänzt werden; wenn es daran mangelt, verwendet man organische Dünger: Von Hornspänen, Hornmehl oder Blutmehl werden etwa 2–4 kg/m^3 zugegeben (Rizinusschrot: 4–6 kg). Die gleiche Menge kann man von Gesteinsmehl (zum Verbessern der Rottebedingungen) und (Algen-)Kalk (zum Ausgleich des Säureüberschusses) zusetzen. Laubkompost fällt stark zusammen und sollte nach 4–6 Wochen unbedingt umgesetzt werden. Da die Blätter leicht vom Wind verweht werden, empfiehlt es sich, den Haufen zum Beispiel mit einer dünnen Schicht Erde abzudecken. Der Kompost sollte nicht vor dem nächsten Frühjahr verwendet werden. Gemischte Laubarten ergeben den wertvollsten Humus.

Sonderkomposte Stroh und Moos in Kurzfassung

Material	Eigenschaften	Zusätze und Hinweise
Stroh (ähnlich: Sägespäne)	trocken, stabil, sperrig, stickstoffarm	gut zerkleinern, stickstoffreiche Zusätze
Moos	zäh, trocken, nährstoffarm	feuchtigkeitssaugende (z.B. eingeweichte Pappe) und stickstoffreiche Zusätze (evtl. org. Volldünger), Erde, Gesteinsmehl, Kalk

Die Herstellung von Wurmhumus

Wurmhumus hat sich in den letzten Jahren vor allem aufgrund des hohen Nährstoffgehalts sowie der hervorragenden Struktureigenschaften einen guten Namen gemacht. Der entscheidende Vorteil bei der Kompostierung mit den Würmern ist, daß man dazu nur wenig Platz benötigt. Dadurch wird es möglich, in Kisten und anderen Kleinbehältern auf der Terrasse oder auf dem Balkon zu kompostieren.

Hauptperson dabei ist nicht der gemeine Regenwurm, wie wir ihn in Feld und Wiese finden, sondern der Mist- oder Kompostwurm *(Eisenia foetida)*. Er wird im Durchschnitt etwa 6 bis 7 cm lang und läßt sich am besten an der mehr oder weniger deutlichen Streifung auf seinem roten Wurmkörper identifizieren.

Der eigentliche Lebensraum der Kompostwürmer ist Mist; hier werden ihre hohen Wärmeansprüche erfüllt. Im reiferen Mistkompost, der schon nicht mehr so heiß ist, kann man sie deshalb häufig antreffen, nachdem sie sich von selbst angesiedelt haben.

Die richtige Nahrung

Man braucht allerdings nicht unbedingt Mist im Garten, um mit den Würmern arbeiten

In dieser Kiste sind fertiger Humus und Rohmaterial getrennt. Kaffeesatz ist eine Lieblingsspeise der Würmer.

zu können. Im Gegenteil: Die schärferen Mistarten müßten erst ein Jahr und mehr ablagern, bevor sie sich dazu eignen. Aber man kann den Würmern zahlreiche Alternativen anbieten.
Wie bei vielen anderen Rotteorganismen ist auch bei den Kompostwürmern das C/N-Verhältnis ein wichtiger Faktor. Bei einem relativ stickstoffreichen Wert von 15 bis 20:1 sind die Tierchen wohlgenährt. Auf stark säurehaltige Materialien reagieren sie allergisch: Der optimale pH-Wert liegt zwischen 6,5 und 8. Dies läßt sich bei Bedarf durch Kalkzusatz erzielen (aber nicht bei Mist!).
Bei zusagenden Verhältnissen fressen die fleißigen Wühler täglich mehr als die Hälfte ihres eigenen Körpergewichts und vermehren sich rasch. Geeignet sind eigentlich alle Materialien, die sich auch normal kompostieren lassen. Am liebsten hat es der Mistwurm allerdings gut zerkleinert. Im Verdauungskanal der Würmer werden die organischen Kolloide dann besonders innig mit mineralischen Teilchen vermischt, so daß schließlich die wertvollen Ton-Humus-Komplexe entstehen.

Eine Wohnung für die Würmer

Manche Wurmzüchter bieten mit den Tieren gleichzeitig die dazugehörigen Behälter an. Sie bestehen meist aus dunklem

Bei zusagenden Verhältnissen vermehren sich Kompostwürmer massenhaft.

Recycling-Kunststoff und sind gegen Licht und Luft rundum abgeschlossen. Die Untertage-Arbeiter benötigen nämlich weder Licht noch viel Sauerstoff; sie fühlen sich in naß verklebten Substratschichten sogar ziemlich wohl. Der Behälter darf daher keinesfalls in der prallen Sonne stehen, weil das Material weder sich übermäßig erhitzen noch austrocknen soll.
Grundsätzlich kann man in allen üblichen Kompostbehältern oder sogar in offenen Mieten mit Würmern arbeiten. Wichtig ist:

- keine direkte Besonnung
- windgeschützte Lage
- feuchtes Substrat
- Lichtabdeckung
- eventuell Schutz gegen Maulwurfs-Besuche.

Letzteres ist nötig, weil die Würmer für Maulwürfe, aber auch für Spitzmäuse lockende Leckerbissen sind. Deshalb baut man in den offenen Untergrund ein engmaschiges Drahtgeflecht ein, so daß zumindest dieser direkte Zugang versperrt ist.

Was ist zu tun?

Soll ein Kompost neu besiedelt werden, so muß man nach dem Aufsetzen mindestens 6 Wochen abwarten, bis die heiße Phase vorüber ist. Denn Kompostwürmer vertragen keine Temperaturen über 40 °C.
Nachdem etwa 500 bis 1000 Würmer eingesetzt wurden, muß man das Substrat laufend gut feucht halten. Für einen Abfluß von Überschußwassers sollte trotzdem gesorgt sein. Frisches Material wird am besten nicht eingemischt, sondern am Rand dazugeschichtet, damit es nicht gleich zur Heißrotte kommt. Ein Umsetzen ist nicht erforderlich. Spätestens 4–6 Wochen vor der Ernte ist fertiges und frisches Material deutlich zu trennen; je länger, desto sicherer sind die Würmer wieder in das neue umgezogen, mitsamt der nachfolgenden Generation. Zum Ernten und Bearbeiten des Wurmkomposts sollte man nur Mistgabeln mit abgerundeten Spitzen verwenden, um die Würmer nicht unnötig zu verletzen.

Fertiger Kompost

Früher ließen viele Gärtner den Kompost einfach zwei oder drei Jahre lang liegen. Heute wissen die meisten, daß ein gut aufgesetzter Kompost schon nach wenigen Monaten gebrauchsfähig ist. Die gängigste Methode, um dies festzustellen, ist der Keimtest; weil man dazu in der Regel die rasch keimende Kresse (manchmal auch Bohnen) verwendet, wird er auch Kressetest genannt.

Wann ist der Kompost reif?

Dazu füllt man eine flache Schale mit dem Kompost und befeuchtet ihn durchdringend. Darauf werden die Samen gesät, angedrückt und durchsichtig abgedeckt, damit es darunter gut feucht bleibt. Sind nach etwa 3–4 Tagen die meisten Samen aufgegangen, so kann man darauf schließen, daß der Kompost keine pflanzenschädlichen Substanzen mehr enthält und auch in anderen Bereichen verwendet werden kann. Kräftig grüne Keimblätter deuten auf einen ausgereiften Kompost hin, während viele gelbe oder braune Blätter einen noch frischen Rohhumus vermuten lassen. Gehen nur wenige Samen auf, so muß das Substrat bis zum Einsatz noch länger rotten.

Der Kressetest zeigt an, ob der Kompost schon ausgereift ist.

Hinsichtlich der Anwendung von Kompost ist es wichtig, die beiden Formen auseinanderzuhalten, die sich zu allererst aufgrund ihres Alters unterscheiden lassen. **Roh- oder Frischkompost** kann bei intensiver Rotteführung schon nach wenigen Wochen geerntet werden, unter normalen Umständen nach etwa einem halben Jahr. Diese Form befindet sich noch im Rotteprozeß und enthält viele Lebewesen, die laufend für die Freisetzung von Nährstoffen sorgen. Deshalb wird Frischkompost auch zur kurzfristigen Ankurbelung des Nährstoffstroms eingesetzt. Im Gegensatz dazu ist der **Reifkompost,** wie der Name sagt, bereits völlig umgesetzt. Trotz höheren Gehalts löslicher Nährstoffe wirkt er nicht mehr so triebig. Stattdessen hat er während der längeren Rottezeit mehr Humus gebildet, der die Bodenstruktur stabilisiert. Reifkompost wird bei raschester Umsetzung nach 4 Monaten, in der Regel aber nach 6–12 Monaten geerntet.

Da sich die chemischen Bestandteile während der Rotte verändern, kann man sich auch mit analytischen Tests Klarheit verschaffen. Beispielsweise gibt es Teststäbchen im gärtnerischen und landwirtschaftlichen

Die Siebrückstände werden wieder auf den Kompost zurückgebracht.

Fachhandel, mit denen man die Reife am Nitrat-, Ammonium- oder Sulfidgehalt feststellen kann. Allerdings nur in Kombination mehrerer Tests läßt sich eine eindeutige Aussage treffen.

Die Eigenschaften von fertigem Kompost

Die Inhaltsstoffe des Komposts sind abhängig von den jeweiligen Ausgangsmaterialien. Während Gartenabfälle eher einen nährstoffarmen Kompost ergeben, erreichen solche mit Mist und vielen Küchenabfällen sehr hohe Werte. Am höchsten sind die Nährstoffe im Wurmhumus konzentriert.
Küchen- und Haushaltsabfälle weisen häufig hohe Salzgehalte auf, die das Pflanzenwachstum beeinträchtigen; bei mehr als einem Prozent wird es kritisch.
Generell gilt: Je einseitiger das Kompostmaterial, desto schlechter die Keimergebnisse – auch mit völlig reifem Kompost. In vielseitig gemischtem Kompost dagegen gedeihen die Pflanzen am besten.
Normalerweise setzt der Gärtner darauf, daß bei einer gezielten Heißrotte Unkrautsamen und Krankheitskeime entseucht werden. Aber selbst bei sorgfältigster Lenkung wird dies nie hundertprozentig der Fall sein. Wenn daher auf keimfreien Kompost Wert gelegt wird, wie zum Beispiel bei der Jungpflanzenanzucht, dann muß der Kompost nachträglich desinfiziert werden. Da der Hobbygärtner in der Regel nicht für das sogenannte Dämpfen ausgestattet ist, wird er bei Bedarf den Küchenofen zu Hilfe nehmen: 10 Minuten im Backrohr, vorgeheizt auf 200 °C, und es steht ein keimfreies Substrat zur Verfügung.

Maßzahlen für den Kompost (in Trockensubstanz)

Gesamt-Stickstoff (N)	0,5–1,5%
Gesamt-Phosphat (P_2O_5)	0,1–0,8%
Gesamt-Kalium (K_2O)	0,3–0,8%
Magnesium	0,1–2%
Kalk (Ca)	1–12%
organische Substanz	20–40%
C/N-Verhältnis	12–30:1
pH-Wert	6,5–8

Organische Handelsdünger

Früher hatte man keine andere Wahl: Das Gedeihen der Pflanzen wurde gesichert, indem man mehr oder weniger bewußt alle organischen Abfälle in den Naturkreislauf zurückführte (teilweise auch schon gemahlene Steine). Erst nachdem die Bedeutung der einzelnen Nährstoffe entdeckt wurde, ging man dazu über, verschiedene Materialien je nach Gehalt gezielt einzusetzen. Im nächsten Schritt wurden die Nährstoffe durch chemische Prozesse isoliert und konnten dadurch in einem Verhältnis, das dem Pflanzenwachstum förderlich schien, wieder zusammengesetzt werden. Die »Kunstdünger« waren geboren.
Daß ein rein mineralisches Nährstoffangebot nicht als optimale Pflanzennahrung betrachtet werden kann, haben wir bereits an anderer Stelle ausführlich erörtert (siehe S. 7 und 51). In der Praxis wurden die organischen Bestandteile auch nicht vergessen; die »Wirtschaftsdünger« Mist und Kompost spielen bis heute eine wichtige Rolle in den Gärten. Doch die scheinbar mühelosen Erntesteigerungen mit den mineralischen Wunderdüngern drängten die Naturstoffe immer mehr in den Hintergrund.
In den letzten Jahren hat eine Rückbesinnung auf die Natur zu einem neuen Boom bei käuflichen organischen Düngern geführt. Auf die gezielte Nährstoffzufuhr will niemand mehr verzichten, vor allem im biologischen Anbau aber sind die schnellöslichen und hochkonzentrierten Mineraldünger in Verruf geraten. Stattdessen kommen immer mehr organische Abfallstoffe auf den Markt. Teilweise wurden sie entsprechend den mineralischen Vorbildern aus verschiedenen Ausgangsstoffen zusammen-

gemischt, so daß sie wie ein »Volldünger« alle Nährstoffe in einem ausgewogenen Verhältnis besitzen und global eingesetzt werden können.

Resteverwertung auf biologisch

Die meisten Ausgangssubstanzen für die verbreiteten organischen Dünger stammen aus der Tierkörperverwertung, weshalb der Umgang damit einen etwas unappetitlichen Beigeschmack

Rechts: Der Wirtschaftsdünger Mist wird mittlerweile auch kompostiert in Säcken angeboten.

Unten: Der Übergang von organischen zu mineralischen Düngemitteln ist fließend.

hat: Horn-, Blut- und Knochenmehl werden hauptsächlich aus den Rückständen unserer Schlachthöfe gewonnen. Tatsächlich empfiehlt es sich aus hygienischen Gründen nicht, solche natürlichen Dünger mit bloßen Händen zu verteilen und anschließend damit eine Brotzeit anzurichten. Auf der anderen Seite muß jedem ökologisch denkenden Menschen klar sein, daß die organischen Abfälle somit sinnvoll weiterverwertet werden, und daß wir ohne diesen Kreislauf nicht existieren können.

Aus Hörnern und Hufen werden die stickstoffreichen **Horndünger** gewonnen. Je gröber die Vermahlung, desto langsamer zersetzt sich das Material und

gibt folglich auch die Nährstoffe langsamer frei; Hornspäne wirken also wesentlich langfristiger und langsamer als Hornmehl. Horngrieß bezeichnet eine Zwischengröße.
Ebenfalls ein Stickstoffdünger ist das **Blutmehl,** das wesentlich rascher wirkt. Während aber die Horndünger daneben hauptsächlich Calcium und Phosphor aufweisen, enthält das Blutmehl fast alle anderen Nährstoffe, allerdings nur in sehr geringer Menge.
Dritter Wertstoff in dieser Reihe ist das **Knochenmehl.** Es ist vor allem reich an Phosphor und Calcium. Gedämpftes Knochenmehl enthält darüber hinaus auch noch einen nennenswerten Anteil an Stickstoff, im Gegensatz zum rohen Material.
Einer der bekanntesten Naturdünger ist **Guano:** Schon seit Jahrzehnten wird an den Küsten Perus der getrocknete Mist von Wasservögeln abgesammelt und als wertvoller Phosphordünger mit Stickstoffanteil nach Übersee verschifft. Mittlerweile versucht man auch den Mist aus der Hühnerhaltung zu diesem Zweck zu »veredeln«.
Rizinusschrot ist der weitverbreitetste Dünger auf pflanzlicher Basis. Die Rückstände aus der Ölpressung liefern nicht nur relativ rasch Stickstoff, sondern regen auch deutlich die Humusproduktion an. Andere Hersteller nutzen die großen Mengen von **Traubentrester,** die bei der Weinproduktion anfallen und sehr günstige Eigenschaften aufweisen. Natürlich können auch viele andere industriell anfallende Pflanzenreste, zum Beispiel aus der Zuckerproduktion, zu einem organischen Dünger verarbeitet werden.
Algenkalk besteht zwar aus den Überresten von Meereslebewesen, wird aber unter dem Kapitel »Kalk« (S. 54) eigens abgehandelt. Zusätzlich gibt es inzwischen Pflanzenstärkungsmittel auf der Basis von Meeresalgen (z.B. *Algan, Algifert, SilKaHum*...), die vor allem Spurenelemente, wertvolle Eiweißbausteine und humusfördernde Bestandteile enthalten, aber nur wenig Hauptnährstoffe.

Bei genauer Dosierung können auch organische Dünger gezielt den Nährstoffbedarf befriedigen.

Alle Nährstoffe gemischt

Die meisten größeren Hersteller machen sich die Bequemlichkeit der Menschen zunutze und mischen die Einzelstoffe zu organischen **Volldüngern** zusammen. Der Vorteil liegt auf der Hand: Der Gärtner benötigt nicht drei oder mehr Säckchen mit verschiedenen Materialien und muß nicht mühselig errechnen, wie der Nährstoffbedarf denn nun zu stillen ist. Statt dessen greift er in *eine* Tüte und verteilt den Inhalt nach Gebrauchsanweisung.
Natürlich lassen sich die Zusammensetzungen etwas variieren, um den Ansprüchen unterschiedlicher Pflanzengruppen noch näher zu kommen. Da gibt es dann Spezialmischungen für Erdbeeren und Rosen, für Tannen, Rhododendron und den Rasen, über deren Sinn man streiten kann. Denn diese individuellen Ansprüche weichen oft weniger voneinander ab als die Standorteigenschaften von Garten zu Garten.
Vor allem aus diesem Grund wird der erfahrene Gärtner nicht auf die einzelnen Bestandteile verzichten: Er wird versuchen, die spezifischen Bedürfnisse seines Bodens zu erfüllen. Und weil ein Großteil der Gartenböden mit Phosphor und Kalium übersättigt ist, sind Volldünger meist nur dann sinnvoll, wenn diese beiden Nährstoffe lediglich in geringer Menge auftreten.

Nährstoffgehalte organischer Düngemittel

(ohne Anspruch auf Vollständigkeit)

Düngemittel	N (Angaben in %)	P_2O_5	K_2O	MgO	Kalk
Stickstoffdünger					
Hornspäne	12–15	ca. 5	–	–	6
Horngrieß	11–14	ca. 5	–	–	6
Hornmehl	10–13	ca. 5	–	–	6
Blutmehl	12–15	1–2	0,8	0,2	0,8
Rizinusschrot	5–6	2–3	1–2	–	–
Phosphordünger					
Knochenmehl (roh)	1–2	20–30	1	–	25–30
Knochenmehl (gedämpft)	4–5	20–30	0,2	–	25–30
Peru-Guano	6	12	2–4	1	10–20
Organische Volldünger					
Bio-Garten-Azet (mit Mikroorganismen angereichert)	7	6	6	–	–
Oscorna Animalin	7	4	1	–	8–10
Bio-Bacter (mit Mikroorganismen angereichert)	7	6	7		
Organisch-mineralische Volldünger					
Manna Spezial	7	5	9	1	5
Hornoska	8	4	10	2	8–10

Von beidem etwas: organisch-mineralische Dünger

Häufig stößt man auf organisch-mineralische Mischdünger. Dabei wird gerne Begriffsverwirrung betrieben, indem man auf der Naturwelle mitschwimmt und den organischen Anteil in den Vordergrund stellt. Mineralische Bestandteile werden hinzugemischt, entweder um leichter ein angestrebtes Nährstoffverhältnis erzielen zu können, oder um die langfristige humusbildende Wirkung um eine kurzfristige Düngewirkung zu ergänzen.
Solche Kombinationen können vor allem dann sinnvoll sein, wenn der Boden belebt und gut strukturiert ist und auch die mineralischen Nährstoffe in den natürlichen Kreislauf eingebunden werden können. Sind diese Bestandteile ausgewogen, dann kann ein Mischdünger sogar zum Humusaufbau beitragen. Konsequente Biogärtner allerdings sollten sich nicht verwirren lassen und im Zweifelsfall zu rein organischen Düngern greifen.

Düngejauchen selbst herstellen

Für die rasche Nährstoffzufuhr zu Beginn der Vegetationsperiode oder bei offensichtlicher Unterversorgung muß sich der Gärtner etwas einfallen lassen, wenn er nicht auf Mineraldünger zurückgreifen möchte. Die Lösung liefert die Natur selbst: flüssige Präparate aus Pflanzenteilen, die Nährstoffe in sofort verfügbarer Form anbieten.
Der hohe Nitratgehalt macht die als Unkraut oft gefürchtete Große Brennessel (*Urtica dioica*) prädestiniert zur Herstellung einer stickstoffreichen Düngejauche. Man schneidet dazu alle oberirdischen Teile, bevor sie in Blüte gehen, also bevorzugt in den Monaten Mai bis Juli. In dieser Zeit sind sie am gehaltvollsten. Ein anderer bewährter Stickstofflieferant ist der Beinwell *(Symphytum officinale)*. Für unsere Zwecke werden die großen Blätter von Frühjahr bis Herbst gesammelt.
Aber auch zahlreiche andere Pflanzenarten ergeben nährstoffreiche Jauchen: Blüten und Blätter des Löwenzahns, Triebe vom Fenchel, vom Ackerschachtelhalm, von Roten Beten oder von der Ringelblume sowie Tomatenblätter werden gerne eingesetzt, teilweise mit speziellen Anwendungsgebieten. Während zum Beispiel die Tomatenjauche vor allem von ihren eigenen Artgenossen, aber auch von Gurken-, Zwiebel- und Kohlgewächsen dankbar angenommen wird, verwendet man Rote-Bete-Jauche bevorzugt zur Rasendüngung.

Mit selbst hergestellten Jauchen kann man auf biologischem Weg für eine rasche Nährstofflieferung sorgen.

Der Beinwell ist einer der beiden wichtigsten Stickstofflieferanten. Er wächst bevorzugt in feuchten Wiesen.

Die Herstellung der Jauche

Die frischen, zerkleinerten Kräuterteile werden gemeinsam mit kaltem, weichem Wasser (z.B. Regenwasser) in ein ausreichend großes Gefäß gefüllt; in der Regel kommen etwa 1 kg frisches Kraut bzw. 150 g getrocknetes Kraut auf 10 l Wasser. Metallbehälter sind für diesen Zweck nicht geeignet; Kunststoff, Steingut oder Holz ist vorzuziehen.

Man plaziert den Behälter am besten in eine abgelegene Gartenecke, denn bei der Gärung bildet sich nicht nur Schaum, sondern auch ein unangenehmer Duft. Gelegentliches Umrühren und die Zugabe von Gesteinsmehl harmonisiert den Prozeß.

Nach zwei bis vier Wochen hört die Schaumbildung wieder auf, und die Gärung ist abgeschlossen. Bevor die Düngejauche auf den Gartenboden vergossen wird, muß man sie normalerweise verdünnen. Ab einer Verdünnung von 1:50 darf man die fein abgesiebte Jauche auch direkt auf die Blätter versprühen, wodurch die Nährstoffe besonders rasch aufgenommen werden.

Pflanzenjauchen zur Düngung

Pflanze	Frischmasse pro Liter	Verdünnung	Düngewirkung
Brennessel	100 g	1:10 bis 1:20	v.a. Stickstoff, Spurenelemente
Beinwell	100 g	1:20	v.a. Stickstoff, Spurenelemente
Tomate	50–100 g	1:15	für Tomaten u.a. wachstumsfördernd
Kohl	300 g	1:10	versch. Wirkstoffe
Fenchel	100 g	1:20	versch. Wirkstoffe
Rote Bete	100 g	1:10	wachstumsfördernd für Rasen
Löwenzahn	150–200 g	1:5	wachstumsfördernd
Ringelblume	100 g	1:15	stärkend v.a. für Kohl und Tomaten
Ackerschachtelhalm	100–200 g	1:10	Kieselsäure, kräftigend

Mineralische Düngemittel

Bei der mineralischen Pflanzennahrung gibt es ebenfalls Einzeldünger und Mehrnährstoff- bzw. Volldünger. Die Nährstoffe werden meist aus Gesteinen gewonnen, die eben einen bestimmten Nährstoff in relativ hoher Konzentration enthalten, wie zum Beispiel Thomasphosphat. In manchen Fällen aber ist die Unterscheidung zwischen organisch und mineralisch gar nicht so einfach. Die (organischen) Rückstände der Zuckerrüben-Verarbeitung zum Beispiel liefern einen sehr kalireichen Dünger, bei dem dieser Nährstoff in mineralischer Form vorliegt. Ähnlich verhält es sich mit der Holzasche, die ja ebenfalls organischen Ursprungs ist: Die hohen Kalium- und Kalkgehalte sind mineralisch gebunden (siehe auch S. 54). Sie enthält leider neben den Spurenelementen auch viele Schwermetalle, so daß man im Zweifelsfall auf den Einsatz von Holzasche verzichtet.

Mit den künstlich zusammengemischten Mineraldüngern kann man Eigenschaften zaubern, wie man sie will:

- die gewünschte Nährstoffkombination,
- für saure oder basische Böden geeignet, zum Teil gleichbedeutend mit
- kalkfrei oder kalkhaltig, außerdem
- chlorfrei oder chlorhaltig,
- mit Spurenelementen angereichert oder nicht,
- schnell oder langsam wirkend.

Eine besonders dauerhafte Düngewirkung erzielt man mit Depotdüngern wie *Osmocote* oder *Plantacote;* sie geben ihre Nährstoffe durch eine Hüllschicht nur nach und nach ab und verhalten sich in dieser Hinsicht ähnlich wie organische Dünger.

Das Chlorid spielt insofern eine wichtige Rolle, als es chemisch oft an den Nährsalzen beteiligt ist, aber nur von wenigen Pflanzen, wie zum Beispiel dem Sellerie, gut vertragen wird.

Bei gleichzeitig guter Humuswirtschaft werden die nachteiligen Wirkungen der mineralischen Düngung größtenteils aufgefangen. Trotzdem und

Die Ausbringung mineralischer Volldünger ist in den meisten Fällen unsinnig.

Nährstoffgehalte mineralischer Düngemittel

Düngemittel	Hauptnährstoff	Nebenbestandteil	Anmerkung
Stickstoffdünger			
Kalksalpeter	ca. 15% N	25–30% Ca	sofort wirksam, alkalisch, Auswaschungsgefahr
Kalkstickstoff	22% N	55–60% Ca	langsam wirkend, alkalisch, setzt Gift frei!
Schwefelsaures Ammoniak	21% N		raschwirkend, stark kalkzehrend
Harnstoff	46% N		rasch wirksam
Phosphordünger			
Thomasphosphat	15–20% P	35–45% Ca	
Kalidünger			
Kali	40, 50 od. 60% K		chloridhaltig
Kalimagnesia	25–30% K	6–10% Mg	chloridfrei
Holzasche	6–12% K	30–50% Ca	Schwermetall-belastet
Magnesium			
Bittersalz	15–30% Mg	Spurenelemente für Koniferen	
Spurenelemente (siehe Gesteinsmehle S. 52)			
Volldünger in verschiedenen »Rezepturen« (»Blau« = chloridfrei)			

trotz der scheinbar problemlosen Verfügbarkeit all der gewünschten Eigenschaften sind mineralische Dünger im Privatgarten mit Vorsicht zu genießen, wie schon an anderer Stelle ausgeführt. Volldünger werden an dieser Stelle nicht weiter behandelt; wenn schon auf mineralische Dünger zurückgegriffen werden soll, dann liegt deren Stärke in der gezielten Bedarfsbefriedigung, nicht im pauschalen Einsatz.

Kalimagnesia ist ein typischer Zweinährstoffdünger, geeignet für gezielten Einsatz.

Gesteine verbessern den Boden

Die Verwendung von zermahlenen Gesteinen zum Zwecke von Düngung und Bodenverbesserung läßt sich bis zu den Römern zurückverfolgen. Gesteinsmehle sind wirkungsvolle Strukturverbesserer, die ein hohes Bindungsvermögen besitzen. Verantwortlich für diese Eigenschaft sind in erster Linie die Tonminerale.

Grundlegender chemischer Bestandteil der Gesteinsmehle ist das Silicium (Si). Quarz (SiO_2), Hauptbestandteil von Sand, ist zwar verwitterungsbeständig, aber nicht quellfähig und kann keine Nährstoffe speichern; im Granit zum Beispiel ist viel Quarz enthalten. Für biotische Prozesse aber ist vor allem die Silikatform wertvoll. Bei den Silikaten ist das Silicium ursprünglich in einer blättchenförmigen Anordnung mit dem Sauerstoff verbunden. Wenn diese Silikate verwittern, bleiben winzige Körnchen mit einem Durchmesser von weniger als zwei Tausendstel Millimeter übrig: die Tonminerale. Bei diesem Prozeß wird die speicherfähige Oberfläche auf ein Vielfaches vergrößert. Damit können die Tonminerale (bestehen zu einem Großteil aus Aluminiumoxiden) einen hohen Säuregrad ebenso wie Schadstoffgehalte wirkungsvoll abpuffern. Sie sind quellfähig und speichern reichlich Wasser, um es bei Trockenheit wieder in die Umgebung abzugeben. Sogar Sauerstoff wird in dieser optimalen Gefügestruktur eingelagert, so daß es kaum zu anaeroben Fäulnisprozessen kommen kann.

Lava nur gezielt verwenden

Lava gehört ebenfalls zu den Gesteinsmehlen und wird gerne empfohlen, weil die dunklen und porösen Substrate den Luft- und Wärmehaushalt besonders vorteilhaft beeinflußen. Doch da die Abbaustätten wertvolle, weil selten gewordene Biotope für wärmeliebende Pflanzen und Tiere sind (trifft teilweise auch für Basalt-Standorte zu), wehren sich Naturschützer gegen übertriebenen Raubbau.

Hauptnährstoffe sind nicht in nennenswerter Menge enthalten, dafür viele wertvolle Spurenelemente. Für die Pflanzenernährung entscheidend: Gesteinsmehle sind in der Lage, nicht nur Gerüche, sondern vor allem Nährstoffe anzulagern. Und zwar so, daß sie gegen Auswaschung geschützt sind, aber bei Bedarf an die Pflanzen abgegeben werden. All diese günstigen Struktureigenschaften werden nur noch übertrof-

Die verschieden gekörnten und gefärbten Steinmehlarten sollten gezielt eingesetzt werden.

Solches Verstäuben ist nur bei Windstille zu empfehlen.

fen von den Ton-Humus-Komplexen, die bei einer dauerhaften Humifizierung in Anwesenheit von Tonmineralen entstehen können.

Im Praxiseinsatz

Gesteinsmehle fallen als Abfallprodukt bei der Steinverarbeitung an. Hierbei entstehen unterschiedliche Fraktionen, die man durch Zermahlen weiter zerkleinern kann. Natürlicherweise am feinsten ist das **Tonmehl,** häufig als »Bentonit« im Handel. Es wirkt rascher und effektiver als gröbere Gesteinsmehle und eignet sich am besten zur Verbesserung leichter, sandiger Böden. Pro Quadratmeter genügen 100 bis höchstens 300 g vollkommen. Mehle aus den vulkanischen Gesteinen Basalt, Diabas und Phonolith sind in unvermahlenem Zustand etwas gröber, aber verfügen über etwas höhere Gehalte an Spurenelementen. Um dieselbe strukturverbessernde Wirkung zu erzielen, muß man je nachdem bis über die doppelte Menge verwenden. Grobe Mehle können besser auf schweren Böden eingesetzt werden.
Also: Je feiner vermahlen und je höher der Gehalt an silikatischer Kieselsäure (zwischen 35 und 70%, zu unterscheiden vom Quarz!), desto günstiger ist die Struktur des Gesteinsmehls. Kalkreich sind in der Regel Mehle aus Basalt und Diabas. Die Gehalte an Magnesium und Kalium schwanken ebenfalls je nach Ausgangsgestein, was bei der Wahl des Gesteinsmehls zu berücksichtigen ist. Darüber hinaus wird man sich aus Kostengründen auch nach dem nächstgelegenen Abbaustandort umhören. Denn bei großen Entfernungen würde der Transport übermäßig ins Gewicht fallen. Es ist empfehlenswert, Gesteinsmehle über den Kompost zu verabreichen. Sie fördern den Rotteprozeß und binden unfeine Gerüche. Vor allem aber werden sie dort am schnellsten aufgeschlossen. Auch als Zusatz bei der Herstellung von Pfanzenjauchen sind sie mit ihren harmonisierenden Eigenschaften nahezu unverzichtbar.

Beim Verteilen des Gesteinsmehls ist darauf zu achten, daß es nicht zu sehr vom Wind aufgewirbelt wird. Es ist zwar nicht giftig, aber die feinen Stäube belasten die Atmungsorgane, wenn sie eingeatmet werden.

Kalk: Wichtig, aber kein Allheilmittel

Mit dem Kalkgehalt läßt sich der pH-Wert direkt beeinflußen. Kalkverbindungen besitzen eine basische Reaktion und können damit die Versauerung ausgleichen, die durch Umweltchemikalien, aber auch durch viele Lebensprozesse auf dem Boden lastet. Trotzdem darf Kalk nicht pauschal und laufend ausgestreut werden. Auf Dauer führt nämlich auch dieses »Wundermittel« zu einer Verarmung des Bodens. Und nicht zuletzt vertragen viele Pflanzen keinen Kalk, so daß Rücksicht auf individuelle Bedürfnisse zu nehmen ist.

Welche Form ist am günstigsten?

Im Garten wird am besten Kohlensaurer Kalk ($CaCo_3$) verwendet. Er wirkt relativ langsam und enthält Magnesium und andere Spurenelemente. Mit 100 g pro Quadratmeter kann der pH-Wert auf leichten Böden um ein Grad angehoben werden, auf schweren Böden ist mehr nötig.
In der chemischen Form CaO kommt der Kalk schneller zur Wirkung, aber auch aggressiver; bei der raschen Umsetzung geht zum Beispiel Stickstoff verloren. Außerdem dürfen die raschwirksamen Formen nur halb so hoch dosiert werden wie der Kohlensaure Kalk. Am ehesten eignet sich Branntkalk für schwere Böden. Im Hüttenkalk ist das CaO stark an Silicium gebunden; diese Form ist besonders zur Ausbringung auf kalkempfindlichen, leicht sauren Böden geeignet, wie zum Beispiel Heideböden.
Im Algenkalk (z.B. *Algomin*) liegt der Bodenhilfsstoff in der günstigeren kohlensauren Form vor. Da er aus lebendigem Material gewonnen wird, enthält er neben Kalk und Magnesium auch Kieselsäure und Spurenelemente in reichem Maße sowie wertvolle Bakteriennahrung.

Sonderfall Kalkstickstoff

Dem Kalkstickstoff sind wir schon bei den Kompostzusätzen (siehe S. 36) und bei den mineralischen Düngemitteln (siehe S. 50) begegnet. Er wird in erster Linie als Stickstoffdünger gehandelt, enthält aber einen noch höheren Anteil von Kalk, der bei der Umwandlung im Boden, unter Einwirkung von Wasser, als Löschkalk frei wird. Gleichzeitig entsteht als Zwischenprodukt, bis das pflanzenverfügbare Nitrat gebildet wird, das hochgiftige Cyanamid. Deshalb ist er – besonders im biologischen Anbau – umstritten.

Kohlensaurer Kalk ist im allgemeinen am empfehlenswertesten.

Am schonendsten wird Kalk über den Kompost verabreicht.

Am besten über den Kompost

Wie die Gesteinsmehle bringt man den Kalk bei Bedarf auch am besten über den Kompost aus. Denn bei den Umsetzungsprozessen werden die Stoffe harmonisch in das Substrat eingebunden.

Auf keinen Fall darf Kalk nach dem Prinzip »Viel hilft viel« aus Gewohnheit ausgebracht werden. Eine gelegentliche Bodenuntersuchung (siehe S. 72) gibt Aufschluß über einen eventuellen Kalkbedarf, sowohl was den pH-Wert als auch den Nährstoff selbst betrifft. Beim Kompost kann man schon aus den Ausgangsstoffen darauf schließen, ob ein Kalkzusatz erforderlich ist oder nicht.

In Verbindung mit tierischen Düngern, vor allem Mist, darf kein Kalk ausgebracht werden. Denn dabei wird Ammoniak frei: Der Stickstoff geht also in die Luft verloren, und im Boden werden durch das ätzende Gas die Pflanzenwurzeln angegriffen.

Kalkdünger

Kalkart	Gehalt/ chemische Form	Wirkung
Kohlensaurer Kalk	80–90 % $CaCO_3$	langsam, neutral, mit Mg, am besten für leichte Böden
Algenkalk	70 % $CaCO_3$	mit Mg, Kieselsäure und Spurenelementen
Branntkalk	70–95 % CaO	ätzend, schnellwirksam, eher für schwerere Böden
Löschkalk	60–70 % CaO	ätzend, schnellwirksam
Hüttenkalk	40–50 % CaO	schonend, mit Spurenelementen
Kalkstickstoff	55–60 % CaO	plus 22 % Stickstoff; bei der Freisetzung wird Gift frei!

Substrate zur Bodenverbesserung

Von Bodenverbesserungsmitteln spricht man, wenn ein Substrat nicht wegen seines Nährstoffgehalts, sondern in erster Linie wegen der strukturfördernden Wirkung eingesetzt wird. Genaugenommen fallen darunter auch die bereits behandelten Kalke und Gesteinsmehle. Das wichtigste Bodenverbesserungsmittel, das man selbst herstellen kann, ist der Kompost; er besitzt bekanntermaßen gleichzeitig eine Düngewirkung.

Spätestens seit die wachsende Müllproblematik zu vermehrter öffentlicher bzw. industrieller Kompostierung führte, gibt es **Komposte** oder **Humus** auch als käufliche Substrate in Tüten. Wenn sie den Qualitätskriterien der Herstellergemeinschaft entsprechen, bleiben eventuelle Schadstoffgehalte unter einem Niveau, das Schäden anrichten könnte. Allerdings sind käufliche Humuserden aus Kostengründen nicht immer voll ausgereift. Sie besitzen jedoch einen entscheidenden Vorteil gegenüber selbstgemachtem Kompost: In der Regel sind sie frei von Krankheitskeimen und vor allem Unkrautsamen!

Besonders wertvoll, weil sie das meist nur schwer erhältliche »tierische Element« in den Garten bringen, sind **Mistkomposte.** Sie werden beispielsweise als *California Rinderdung, Super-Stallatico, Bio-Kuhdung* oder *Bodenaktiv* im Gartenfachhandel angeboten. Wie alle Mistdünger weisen sie einen höheren Nährstoffgehalt als durchschnittliche Grün- oder Abfallkomposte auf (siehe S. 38).

In den letzten Jahren werden immer häufiger sogenannte Pflanzenstärkungsmittel angeboten. Gestärkt werden die Pflanzen in erster Linie durch eine Anregung der Abwehrkräfte und des Nährstoffkreislaufs. Die Werbung verspricht oft wahre Wunderdinge, und ihre Wirkungsweise läßt sich nicht immer nachvollziehen. Da man aber keinen großen Schaden anrichten kann, lohnt es sich, persönlichen Empfehlungen nachzugehen. Bewährt sind zum Beispiel Pflanzenextrakte aus Schachtelhalm oder Baldrianblüten, die in homöopathischer Dosis verabreicht werden.

Seit einigen Jahren haben sich die Rindenprodukte stark in den Vordergrund gedrängt. Das bei der Holzverarbeitung anfallende Material läßt sich in drei Qualitäten aufbereiten:

- Abgelagerte Rinde wird als Mulchmaterial angeboten (siehe S. 66).
- Kontrolliert kompostierte Rinde wird mit verschiedenen anderen Bestandteilen zu Kultursubstraten angemixt, die den Ansprüchen der Pflanzen genügen.
- Zur Bodenverbesserung genügt der sogenannte **Rindenhumus,** wie er bei der Kompostierung entsteht.

Rindenhumus verfügt über mehr Nährstoffe als Weißtorf. Torf kann zwar besser Wasser speichern als Rindenhumus, läßt sich allerdings auch schlechter benetzen, wenn er trocken ist.

Torf ist nur selten sinnvoll

Im Garten sollte Torf nicht mehr so pauschal eingesetzt werden,

Oben: Als Bodenzusatz stehen zahlreiche Substrate zur Verfügung.
Rechts: Unnötiger Torfabbau sollte verhindert werden.

wie das jahrzehntelang der Fall war. Auch wenn er als Dauerhumus wertvoll ist: Angesichts des bedrohlichen sauren Regens wird die Verabreichung eines sauren Substrats absurd. Lediglich bei Moorbeetpflanzen ist dieses Millieu erwünscht, also der Einsatz von Torf sinnvoll. Außerdem ist er als Bestandteil der Anzuchtsubstrate, vor allem im professionellen Gartenbau, momentan kaum ersetzbar. Allein dadurch muß genug Torfabbau betrieben werden, was von seiten des Naturschutzes heftig kritisiert wird, denn die moorigen Abbaugebiete sind seltene Biotope für zahlreiche vom Aussterben bedrohte Lebensformen.

Angesichts verfügbarer Alternativen sollte es nicht schwerfallen, auf das unsinnige Einarbeiten von Torf in allen Gartenbereichen zu verzichten; damit trägt man dazu bei, die Lebensbereiche gefährdeter Pflanzen und Tiere zu schonen.

Chemische Zusätze

Um die Erde mit den wünschenswerten Eigenschaften auszustatten, nimmt man teilweise auch künstlich erzeugte Substrate zu Hilfe. *Agrosil* beispielsweise besteht aus silikatischen Kolloiden mit hoher Wasserspeicherfähigkeit. Wegen der selben Eigenschaft mischt man die Hartschaum-Flocken von *Hygromull* der Erde bei. Sie können sich mit der Zeit zersetzen, im Gegensatz zum *Styromull* (aus Polystyrol-Flocken), der zur Bodenlokkerung und -belüftung dient. *Hygropor* ist ein Mischprodukt aus den beiden Bestandteilen.

Die mechanische Bodenbearbeitung

Über die Zugabe von Nährstoffen oder strukturstabilisierenden Substraten hinaus muß man den Boden auch mit einfachen mechanischen Eingriffen regulieren. Dabei wird Erde verlagert, der Boden mehr oder weniger tief gelockert und belüftet, grobe Schollen werden zerkrümelt und Unkrautwurzeln entfernt und die Oberfläche wird geebnet oder, im Gegenteil, angehäufelt. Dazu ist zunächst einmal das passende Werkzeug erforderlich.

Am Werkzeug sollte man nicht sparen, denn qualitativ hochwertige Geräte sind nicht nur länger haltbar, sondern mit ihnen geht auch die Arbeit leichter von der Hand. Die in den Gartenmärkten gängigen Marken locken häufig mit einem verzahnten System, aber ihre Stabilität läßt vereinzelt zu wünschen übrig. Die Schwachstelle liegt häufig am Übergang zwischen Stiel und Werkzeug. Pauschale Kriterien für die Anschaffung lassen sich kaum weitergeben; der Gärtner muß die Arbeitsgeräte beim Einkauf in die Hand nehmen und versuchen, ein Gefühl dafür zu bekommen.

Welche Geräte sind nötig zur Bodenpflege?

Als erstes sind die Grabegeräte zu nennen: Spaten und Grabgabel. Sie unterscheiden sich von den übrigen Werkzeugen, weil sie nicht nur in eine Richtung bewegt werden; die Kraft wird

Die Doppel-Grabgabel ist eine spezielle Entwicklung für den Biogärtner.

oft um seine Achse in den Boden geleitet, so daß sich ein massiver Stiel (etwa 35 mm Durchmesser) mit einem T-oder einem breiten Y-förmigen Griff empfiehlt. Um ein körpergerechtes Arbeiten zu ermöglichen, sollten diese Geräte mit Stiel etwa bis zur Nabelhöhe reichen.
Die Verwendungsmöglichkeiten sind eindeutig: Während man mit der Grabgabel den Boden lockern und ganze Schollen vor allem aus schweren Böden herausstechen kann, braucht man den Spaten hauptsächlich, um leichtere, weniger haftende Bodenteile auszugraben und umzusetzen. Die Gabel ist außerdem zu bevorzugen, wenn Wurzelunkräuter entfernt werden sollen; mit dem Spaten würden die triebkräftigen Wurzeln nur zerteilt und damit vervielfacht. Eine Spezialform, die Doppel-Grabgabel, ist mit vier bis acht hohlen Zinken ausgestattet, die zur Lockerung in den Boden gestochen und hin und her bewegt werden.
Die **Schaufel** benötigt man in erster Linie, um lockere Substrate (z.B. Kompost) zu bewegen. Bei ihr genügt, wie bei den nachfolgenden Geräten, ein sogenannter Knopfgriff. Um die Substrate über größere Strekken zu bewegen, empfiehlt sich natürlich eine **Schubkarre.**
Paradegerät der Biogärtner ist der sogenannte **Sauzahn,** auch als Bodenlockerer oder Bodenwühler bekannt. Mit seinem einen Zinken wühlt er sich ohne großen Kraftaufwand flach in den Boden und sorgt für die erwünschte Lockerung, sogar zwischen engstehenden Pflanzen. Der **Kultivator** besitzt drei oder fünf Zinken; sie sind mit »Pfeilspitzen« versehen, die bei einigermaßen lockerem Untergrund automatisch in eine Tiefe von etwa 10 cm ziehen. Dieses Gerät gibt es auch als »Verstellkultivator«, bei dem die Zinken einzeln abnehmbar sind.
Der etwas kleinere **Grubber** oder Krümmer dagegen bildet nur eine dreiteilige Kralle ohne »Pfeilspitzen«; er eignet sich deshalb für ein flaches Lockern des Bodens.

Für die verschiedenen Einsatzbereiche stehen zahlreiche Werkzeuge zur Verfügung.

Der **Krail** (Zinkenhacke) besitzt vier Zähne und sieht aus wie eine stabile Mistgabel, bei der die Zinken in einem rechten Winkel verbogen wurden. Zinkenabstände und mögliche Arbeitstiefe sind also wesentlich größer als beim Grubber. Der Krail wird gerne zur Vorbereitung der Beete verwendet: Man führt ihn in einem zuvor gelokkerten Beet hin und her und

zerkleinert dabei noch etwaige größere Brocken. Außerdem kann man mit ihm Mist oder Kompost oberflächlich in den Boden einarbeiten.
Zu den häufigsten Gartenwerkzeugen Süddeutschlands gehört die Kreuz- oder **Doppelhacke.** Während die kleine Hacke auf der einen Seite das Entfernen von Unkräutern ermöglicht, kann mit zwei oder drei Zinken der Boden gelockert werden, wenn man das Gerät wendet. Die schwere **Schlaghacke** wird heutzutage nur noch eingesetzt, um zum Beispiel ganze Grassoden abzunehmen oder einen verfestigten Untergrund erstmalig aufzuschließen.

Jäten, zerkrümeln, ebnen und häufeln

Zum Zwecke des Unkrautjätens gibt es mehrere Formen von **Ziehhacken.** Ist das scharfkantige Hackblatt mit den Außenseiten an schmalen Bügeln aufgehängt (anstatt einer Mittelbefestigung), so fällt es leichter, etwas tiefer in den Boden zu dringen, um die Unkrautwurzeln zu unterschneiden. Die Pendelhacke arbeitet in beiden Richtungen, hin und her, bevorzugt auf lockerem Boden. Den geringsten Kraftaufwand hat man mit einer Radhacke, die sich im biologischen Gartenbau gut bewährt hat. Die Unkrautbekämpfung mit Abflammgeräten ist zwar sehr elegant, aber im Privatgarten nicht lohnend.

Die **Sternfräse** (Krümelhacke) ist als »Gartenwiesel« im Fachhandel erhältlich. Ihre am Arbeitsende aufgehängten Hacksterne drehen sich beim Fortbewegen des Gerätes mit und zerkleinern dabei verkrustete Oberflächen in feine Krümel. Das Gartenwiesel wird also erst verwendet, wenn die groben Vorarbeiten bereits verrichtet sind, meist um Saatbeete optimal vorzubereiten.
Ebenfalls in diesem Stadium kommt der **Rechen** (Harke) häufig zum Einsatz: Um fein gelockerte Oberflächen ein letztes Mal von Steinen und Klumpen zu befreien und endgültig zu ebnen. Aber auch schon in früherem Stadium lassen sich damit größere Verunreinigungen vom Boden auslesen, ganz abgesehen natürlich von der Verwendung als Einsammler von Laub, Gras oder Schnittabfällen. Rechen gibt es in verschiedenen Arbeitsbreiten. Zum Einsammeln von leichtem Material auf weichem Untergrund verwendet man auch gerne **Fächerbesen.**
Bei aller Wertschätzung für die Bodenbearbeitung, deren Techniken je nach Situation uneingeschränkt zu empfehlen sind, muß doch betont werden, daß diese auch zum **Humusabbau** führen. Deshalb ist selbst auf einem humusreichen Boden der laufende Nachschub von Dauerhumus eine unersetzliche Maßnahme.
Der **Vertikutierer** ist eine Fortentwicklung des Rechens: Seine Zinken sind wie kleine Messerchen und können in den Boden eindringen. Dies dient vor allem zum Belüften und Entfilzen von Rasenflächen, denn wenn man diese Zinken durch den Boden zieht, werden Moose und an-

dere Verunreinigungen herausgerissen und gleichzeitig die Rasenwurzeln angeschnitten, was die Verzweigung und den weiteren Austrieb anregt. Verdichtungen sind häufig die Ursache von stark vermoostem und verkahltem Rasen.

Als Gegenstück zu den Werkzeugen, mit denen man den Boden ebnet, soll auch der **Häufelpflug** erwähnt werden. Zieht man ihn durch den Boden, so gräbt sich die Spitze etwas ein, und von den symmetrischen Seitenflügeln wird die Erde links und rechts angehäufelt, was bei Kartoffeln und vielen anderen Gemüsekulturen eine gängige Maßnahme ist.

Im Stehen, im Knien oder mit Motorkraft?

Selbstverständlich gibt es von einigen hier genannten Geräten Miniausgaben, die nicht mit langem Stiel im Stehen, sondern bei direktem Bodenkontakt eingesetzt werden. Handschaufel, Handhacke, Unkrautstecher oder Handgrubber gehören in den meisten Gärten zur Grundausstattung.

Bequeme oder technisch begeisterte Gärtner werden geneigt sein, für die Bodenbearbeitung ein **Motorgerät** zu benutzen. Die Anschaffung solch eines lärmerzeugenden Energieverschwenders nur lohnt, wenn man (des öfteren) größere Flächen umbrechen muß. Für die regelmäßige Bearbeitung kleinerer Flächen ist nicht nur der finanzielle Aufwand zu hoch: Beim Motorfräsen drehen sich die Räder mit solcher Geschwindigkeit, daß größere Bodentiere von der Wucht zerrissen und getötet werden. Wiederholt man diesen Arbeitsgang häufiger, so ist mit einer nachhaltigen Schädigung des Bodenlebens zu rechnen.

Motorhacken sollten zudem nur bei abgetrocknetem Boden eingesetzt werden, so daß die Motorkraft schließlich nicht die erhoffte Erleichterung bringen kann.

Motorgeräte sind nicht nur aufgrund des Lärms und des Preises problematisch.

Spezialgeräte für Kompostierung

Für die Kompostierung empfiehlt sich zum Beispiel eine **Mistgabel,** zum Umstechen des Materials. Mit einem **Kompostbelüfter** kann man mechanisch für die Luftzufuhr sorgen, ohne gleich umgraben zu müssen. Mit Hilfe eines **Häckslers** werden sperrige Materialien, wie Gehölz- und Staudenschnitt, soweit vorzerkleinert, daß sie leichter verrotten.

Die kleinen und billigen Geräte, die für den Hobbygärtner finanziell am attraktivsten sind, bringen aber letztendlich nur eine ungenügende Leistung (siehe S. 34). Um schließlich ein gebrauchsfähiges Substrat zu gewinnen, erweist sich ein **Kompostsieb** als sinnvoll.

Umgraben – ja oder nein?

Über diese Frage führen manche Vertreter der althergebrachten Gartenmethoden und des biologischen Anbaus einen ideologischen »Grabenkrieg«. Jahrhundertelang war der Pflug das beherrschende Instrument landwirtschaftlicher Bodenbearbeitung, und damit war auch festgelegt, wie tief im Garten umzugraben ist. Mit Augenmerk auf das Bodenleben wird nun der Sinn dieses Tiefgangs in Frage gestellt.
Seit die im Boden heimischen Lebewesen genauer untersucht sind, weiß man, daß sie sehr sensibel auf Veränderungen ihrer Umwelt reagieren, auf mehr oder weniger Luft, Wasser, Humus oder lösliche Nährstoffe zum Beispiel. In einem bestehenden Boden sind die Organismen auf eine bestimmte Tiefe spezialisiert, wo sie die zusagenden Bedingungen gefunden haben. Biogärtner argumentieren nun damit, daß diese Miniwelt beim Umgraben auf den Kopf gestellt wird: Sauerstoffbedürftige (aerobe) Pflanzen und Tiere werden untergegraben, anaerobe kommen an die Luft, und beide sterben unter diesen ungewohnten Verhältnissen ab.
Die Freunde der konventionellen Methode rechnen dagegen vor, daß langfristig die Belebung sogar verstärkt werde: Die übriggebliebenen Populationen erholen sich rasch und werden einige Wochen danach sogar stärker als ohne Bearbeitung. Der Grund liegt unter anderem in einer weiteren Tatsache, die Verfechter der tiefen Bodenbearbeitung für sich in Anspruch nehmen: Daß in erster Linie Schaderreger durch das Umgraben verschwinden. Im Unterschied zu den Bodenorganismen können sie sich nach dem Umgraben nicht rasend vermehren, weil ihnen dazu die Voraussetzung fehlt: nämlich der Wirt, die Pflanze, die normalerweise befallen wird.

Die Antwort gibt der Boden

Der Streit unter den Betreuern verschiedener »Glaubensrichtungen« läßt sich jedoch schnell schlichten, wenn man den Boden selbst befragt, was er eigentlich braucht.
Vordergründig wird umgegraben, damit der Frost die groben Schollen sprengt und in den kleinen Krümeln die Frostgare erreicht. Bei einem Sandboden ist dies nicht nötig, weil die

Beim Holländern wird darauf geachtet, daß die beiden oberen Bodenschichten nicht vertauscht werden.

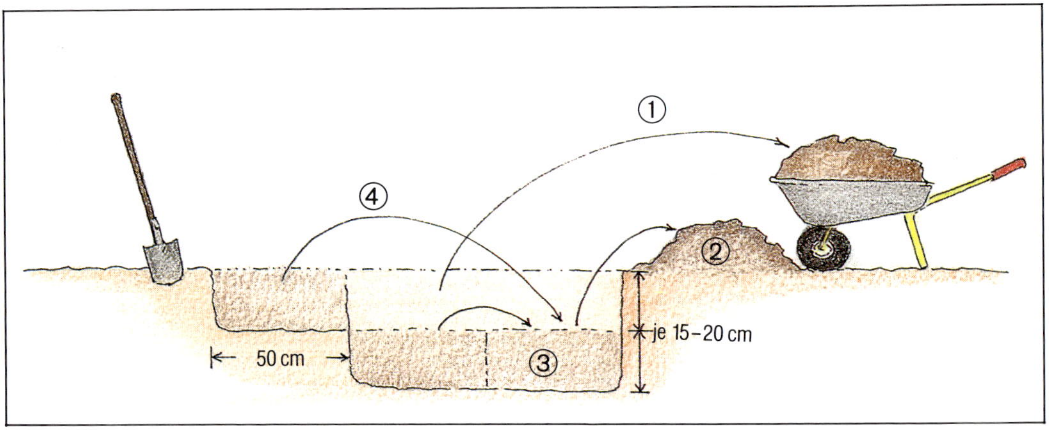

Beim Umgraben wird das Bodenleben auf den Kopf gestellt. Auf schweren Böden lohnt sich diese Maßnahme trotzdem.

Bodenteilchen gar nicht zu groben Schollen verkleben. Leichte und mittlere Böden sind eher trocken und warm. Der bestmögliche Ausgleich wird durch eine winterliche Bodenbedekkung erzielt, die den Boden warm hält, dabei aber die Verdunstung des Wassers vermindert und für eine bessere Bodenfeuchte sorgt.
Im Gegensatz dazu leidet ein schwerer Tonboden eher unter Vernässung und »kalten Füßen«. Durch das Umgraben wird zunächst die Belüftung gefördert, an der vergrößerten Oberfläche kann das Wasser verdunsten, und im Frühjahr erwärmt sich der offene Boden rascher an der Sonne. Nicht zuletzt werden natürlich, wie eingangs schon erwähnt, die zusammengeklebten Erdschollen zerkleinert.
Viele Praktiker geben deshalb den salomonischen Rat, sich aus Rücksicht auf das Bodenleben auf leichten und mittleren Böden das Umgraben zu ersparen. Auf schweren, vernäßten Böden hingegen, wo die Pflanzen deutlich unter der Bodenkälte und -nässe leiden, lohnt es sich, den Arbeitsaufwand und die vorübergehende Beeinträchtigung des Bodenlebens in Kauf zu nehmen, um dadurch nach und nach eine günstigere Struktur zu erreichen. Natürlich läßt sich dieses Ziel auch durch andere Methoden anstreben, vor allem durch gute Humuswirtschaft. Aber auf dem Weg dorthin ist das Umgraben eine sinnvolle Ergänzung.

Der Vorgang des Umgrabens ist technisch wenig anspruchsvoll: Die Erdschollen werden mit dem Spaten oder mit der Grabgabel ausgehoben und in die zuvor umgegrabene Reihe umgeworfen. Schwieriger ist das **Holländern:** So nennt man zwei Spaten tiefes Umgraben; hierbei muß systematisch vorgegangen werden, um nicht den wertloseren Unterboden und die humose Oberschicht ziellos durcheinander zu werfen. Beim **Rigolen** dagegen werden die beiden Schichten bewußt ausgetauscht.

Lockern ohne Umgraben

Die winterliche Alternative zum Umgraben ist also eine Bodenbedeckung. Um den Boden im Frühjahr oder zu anderen Gelegenheiten für die Pflanzen vorzubereiten, muß er allerdings auch gelockert werden. Eine grobe Lockerung wird am einfachsten erreicht, indem man die Grabgabel (extra für diesen Zweck: Doppelgrabgabel) in den Boden stößt und hin und her bewegt. Danach kann die Oberfläche mit einem Krail oder Grubber feiner zerkrümelt werden. Wenn Pflanzen auf den Beeten stehen, ist der Sauzahn das bevorzugte Gerät der Biogärtner, um den Boden dazwischen zu lockern.

Mulch und Flächenkompost

Jeder Boden, auf dem überhaupt Pflanzen gedeihen können, wird über kurz oder lang von einer lebendigen Decke überzogen. Im Herbst übernehmen die abgestorbenen Reste dieser Pflanzen sowie abgefallenes Laub von umgebenden Gehölzen die Bedeckung, wenn die meisten Arten absterben oder sich zur Überwinterung in ihre Wurzeln zurückziehen. Dies wird nun im Garten nachgeahmt mit der sogenannten Mulchtechnik. Dabei deckt man offenen Boden in Gemüse- und Blumenbeeten sowie auf den Wurzelscheiben von Gehölzen mit verschiedenen Materialien ab.
Die dauernde Bedeckung des Bodens erfüllt mehrere Funktionen:

- Als wichtigstes Ergebnis bleibt die Feuchtigkeit länger erhalten, die bei einem offenen, Sonne und Wind ausgesetzten Boden rasch verdunsten würde. Dadurch muß auch im Sommer weniger bewässert werden.
- Unter der Decke bleibt es einige Grade wärmer als ohne. Ausnahme: Die ersten Sonnenstrahlen im Frühling können einen offenen Boden schneller erwärmen als einen gemulchten.
- Außerdem gleicht eine Abdeckung extreme Temperaturschwankungen aus. Die Bodenorganismen können auch in den obersten Schichten aktiv sein.
- Die Bodenkrümel sind nicht direkt den herabprasselnden Regentropfen ausgesetzt, welche die Struktur mechanisch zerstören können. Gemulchte Flächen neigen daher weniger zum Verschlämmen.
- Ein offener Boden unterliegt leicht der Erosion, also einer Abschwemmung der wertvollen Humusschicht auf hängigem Gelände durch starke Niederschläge.
- In der Natur gibt es keine »Un«-Kräuter. Im Garten wird die geschlossene Pflanzendecke durch eine künstliche Bedeckung zwischen den Kulturpflanzen ersetzt, die das Wachstum unerwünschter

Die natürliche Laubbedeckung dient als Vorbild für die Mulchschicht im Garten.

Kräuter und Gräser unterdrückt.
- Das Material verrottet mit der Zeit, dient dabei als Nahrung für die Bodenorganismen, und gleichzeitig werden bei diesem Prozeß Pflanzennährstoffe freigesetzt.

Auf leichten, sandigen Böden spielt die Mulchschicht eine wichtigere Rolle als auf schweren, weil dort die Feuchtigkeit rascher verloren geht. Deshalb darf sie auf leichten Böden auch dicker sein, vor allem während längerer Trockenperioden.

Material aus dem Garten

Als Material bietet sich zunächst einmal das an, was im Garten in großen Mengen anfällt: **Rasenschnitt** zum Beispiel. Er verfügt über den Vorteil, daß er von einheitlicher Struktur und Farbe ist und deshalb einigermaßen ordentlich aussieht. Allerdings darf er in frischem Zustand nicht als dicke Schicht ausgebracht werden: Die wasserhaltigen Halme verkleben sonst zu einer luftundurchlässigen Schicht, die einen idealen Anziehungspunkt für Nacktschnecken bietet. Deshalb läßt man den Grasschnitt zunächst etwas vortrocknen. Da er dabei stark an Volumen verliert und sich außerdem rasch zersetzt, muß das Schnittmaterial immer wieder nachgeliefert werden, wenn es dauerhaft eine lichtdichte Bodenbedeckung abgeben soll. Auf keinen Fall dürfen samentragende Gräser oder Kräuter ausgebracht werden! Im Herbst fällt in Massen Laub an. Es kann gut für die Abdekkung der Gemüse- und Staudenbeete sowie Baumscheiben verwendet werden. Leider wird das Material leicht vom Winde verweht, so daß es entweder durch Auflagen befestigt oder

Oben: Eine Grasunterlage schützt Erdbeeren vor Krankheiten und Schmutz.
Unten: Stroh bildet eine luftige und relativ dauerhafte Schutzschicht.

nur in windstillen Lagen verwendet werden sollte.
Manche Laubarten rotten schneller, manche langsamer (siehe S. 39). Mit ihrem hohen Gerbsäuregehalt können einige Arten auf Dauer das Bodenleben beeinträchtigen. Je nachdem muß es deshalb im Frühjahr wieder entfernt und zur Kompostierung gebracht werden. Bei der Rotte verbrauchen die Mikroorganismen Stickstoff. Wenn größere Mengen auf den Kulturflächen verrotten, empfiehlt es sich deshalb, den verlorengegangenen Stickstoff per Düngung wieder nachzuliefern.
Auch beim stark kohlenstoffhaltigen Stroh verbrauchen die Bodenlebewesen Stickstoff, während es verrottet. Ansonsten ist es als Mulchmaterial sehr zu empfehlen: Stroh ist strukturstabil und wird nicht so rasch zersetzt; außerdem kann man es in dicken Schichten ausbringen, und es läßt trotzdem eine Luftzufuhr zu. Vor allem bei Erdbeeren ist Stroh eine bewährte Unterlage, die für ausgeglichene Bodenfeuchtigkeit sorgt und die Früchte vor Pilzkrankheiten und Verunreinigungen schützt.
Gerbsäurehaltige oder stickstoffzehrende Materialien sollten in erster Linie den Dauerkulturen vorbehalten bleiben, die

Käufliche Mulchmaterialien sind in der Regel strukturstabil und sehen »ordentlich« aus.

weniger empfindlich reagieren und deren Nährstoffhaushalt leichter zu korrigieren ist.
Eine denkbar dünne, aber flächendeckende Schicht kann man mit **großen Blättern** erreichen, zum Beispiel von Beinwell, Meerrettich oder Rhabarber. Solcher Mulch verrottet natürlich sehr rasch und muß bald wieder erneuert werden. Trotzdem bleibt darunter die Erde schön feucht und gar. Der Beinwell, der sich auch zur Herstellung einer Düngejauche eignet, wirkt gesundheitsfördernd und liefert bei seiner Zersetzung Nährstoffe. Aus diesem Grund werden auch gerne Brennesseln verwendet, allerdings nur ohne Samen!
Auch wenn **Kompost** oder **Mist** oberflächlich ausgebracht werden, spricht man gelegentlich von Mulchen. Hier verschwimmen die Grenzen zwischen Düngung, Bodenverbesserung und Mulch. Tatsache ist, daß der Boden auch durch diese Abdeckung größtenteils die erwünschten Wirkungen erfährt. Dabei muß man hinzufügen, daß der Kompost vor allem im Sommer regelmäßig befeuchtet werden muß, weil er sonst seine Lebendigkeit verliert, wenn er an der Oberfläche austrocknet.

Mulchmaterialien aus dem Gartenmarkt

Natürlich lassen sich alle möglichen Substrate als Mulchmaterial oberflächlich verteilen. Extra dafür gedacht ist der **Rindenmulch.** Die nur kurz abgelagerten, nicht fermentierten Rindenstückchen enthalten allerdings noch soviele Gerbsäuren und andere wachstumsschädigende Inhaltsstoffe, daß sie für Beete mit Gemüse, Kräutern oder Sommerblumen nicht geeignet sind. Sogar manche Stauden werden durch die freigesetzten Hemmstoffe in ihrer Entwicklung gestört.
Andererseits hat sich Rindenmulch gerade aufgrund dieser Eigenschaft in Gehölz- und teilweise auch in Staudenpflanzungen bewährt, weil sich damit der Unkrautwuchs größtenteils unterdrücken läßt. Außerdem wird dieses nach Wald duftende Material gerne als lockerer, naturnaher Wegebelag verwendet.
Seit einigen Jahren werden im Fachhandel spezielle **Mulchpapiere** und **-folien** angeboten. Sie sind dunkel gefärbt und absolut lichtundurchlässig, weshalb die unkrautunterdrückende Wirkung hundertprozentig ist. Außerdem sorgt die dunkle Färbung für eine Erwärmung der Bodenoberfläche. Deswegen eignen sich Mulchfolien besonders für wärmeliebende Kulturen wie Gurken oder Paprika. In einem Blumenbeet wird man sie bestenfalls zur Bodenvorbereitung benutzen, weil ihr Anblick nicht unbedingt eine Zierde ist.
Teilweise sind Schlitze angebracht, welche die Pflanzstellen markieren, meistens aber müs-

sen die Mulchdecken an der gewünschten Stelle aufgeschlitzt werden. Im Gegensatz zur Folie zersetzt sich das Mulchpapier mit der Zeit von selbst, nach einmaligem Auflegen braucht man sich nicht mehr darum zu kümmern. Die Robustheit der Folie hat natürlich den Vorteil, daß sie mehrfach verwendet werden kann.
Um kleinere Flächen abzudekken und unkrautfrei zu halten, kann man auch Pappschachteln zerlegen und auf dem Boden verteilen. Die **Pappe** unterdrückt das Unkraut ebenso zuverlässig und wird wie Mulchpapier mit der Zeit zersetzt.

Der feine Unterschied: Flächenkompostierung

Flächenkompost und Mulch werden von Laien gerne miteinander vermischt. Der Unterschied ist nicht groß, kann aber ganz einfach deutlich gemacht werden: Der Flächenkompost soll auf dem Beet umgesetzt werden und dabei in erster Linie für eine Belebung sorgen, während Mulch den Boden flächig abdecken und beschützen soll; daß er mit der Zeit verrottet, ist nur ein Nebeneffekt.
Mit dem Flächenkompost soll also der komplette Stoffkreislauf wie in der Natur in den Boden verlegt werden, anstatt ihn im Komposthaufen abzusondern. Dazu wird angerottetes Material flach eingearbeitet, nicht tiefer als 10 cm (je schwerer der Boden, desto flacher); dies geschieht häufig gleich mit den Gemüseabfällen. Zusätzlich kann man nach Bedarf Gesteinsmehl, Kalk oder Stickstoff ergänzen. Bei der Umsetzung erwärmt sich der Boden, das entstehende CO_2 fördert das Pflanzenwachstum.
Eindeutige Nachteile: Locker verteilte Garten- oder Küchenabfälle auf den Beeten sind nicht gerade ein schöner Anblick. Und es entsteht zum Beispiel auch das giftige Ammoniakgas (NH_3), wodurch Stickstoff verlorengeht und das Pflanzenwachstum geschädigt wird. Deshalb sollte im Anschluß an eine Flächenkompostierung nicht direkt wieder angebaut werden.

Bei der Flächenkompostierung läßt man Pflanzenabfälle in der oberen Bodenschicht verrotten.

Im Frühjahr mulchen? Eine Bodenbedeckung im Frühjahr behindert die rasche Erwärmung an der Sonne. Die Beete sind deshalb freizulegen. Auf den Baumscheiben der Obstgehölze muß diese Maßnahme besonders überdacht werden, weil die Mulchschicht das Kleinklima beeinflußt und damit auch Frostschäden an den Blüten fördern oder vereiteln kann (siehe S. 92). Auch die erste Zeit nach den Aussaaten ist eine Mulchdecke eher unangebracht, weil sie deren Aufgang behindern kann und einen idealen Unterschlupf für die kleinen Nacktschnekken bietet, die um diese Zeit den meisten Schaden anrichten.

Gründüngung – lebendige Bodendecke und Nährstoffquelle

Eine beliebte Alternative zum Mulch besteht in einer lebendigen Schutzschicht: der Gründüngung. Die geeigneten Pflanzen sät man auf leeren Beeten aus, wo sie den Boden schützend bedecken. Im Unterschied zum Mulch wird allerdings die Bodenfeuchtigkeit nicht so effektiv erhalten. Stattdessen besteht die wesentliche Wirkung der Gründüngung darin, daß die Pflanzen den Boden mit ihrem reichen Wurzelwerk durchdringen und dabei lockern. Die zurückbleibende Pflanzenmasse trägt wiederum zur Humusbildung bei. Eine Gründüngung kann man in etwa mit 2 kg Gartenkompost pro Quadratmeter gleichsetzen.

Während Mulchmaterialien jederzeit ausgelegt und wieder abgerecht werden können, muß für die Gründünger eine gewisse Frist vorgesehen werden, in der die geeignete Art keimen und sich soweit entwickeln kann, daß die Durchwurzelung ihre Aufgabe erfüllen kann. Damit kommt man oft zeitlich in Konflikt mit den Hauptkulturen. Trotzdem, gerade auf intensiv genutzten Beeten macht es sich bezahlt, wenn man dem Boden hin und wieder eine Erholungspause gönnt und zu Beginn oder am Ende der Vegetationsperiode eine Kultur einsät, die der Bodengesundung dient.

Vor dem Winter erfüllen die Gründünger eine wichtige Zusatzfunktion: Sie schöpfen einen Großteil der frei verfügbaren Nährstoffe ab und verhindern damit deren Auswaschung in tiefere Bodenschichten und in das Grundwasser. Gerade im intensiv gedüngten Nutzgarten erfolgt die Herbst-Gründüngung daher im Sinne des Umweltschutzes.

Bei den in Frage kommenden Pflanzenarten ist zwischen winterharten und nicht winterharten zu unterscheiden. Erstere lockern den Boden natürlich auch während der kalten Jahreszeit mit ihren Wurzeln und bilden dadurch mehr Pflanzenmasse, die später abgeschnitten und entweder als Mulch liegengelassen, zur Kompostierung flach eingearbeitet oder abgerecht wird. Die nicht winterharten Arten frieren mit den ersten Minustemperaturen von selbst ab und können dann als winterliche Bodendecke liegenbleiben.

Gründünger halten die Beete vor oder nach den Kulturpflanzen belebt.

Wurzeln, Blüten, Nährstoffe

Besonders hervorzuheben sind die Arten aus der Familie der Schmetterlingsblütler: Die sogenannten Leguminosen sind in der Lage, mit Hilfe der Knöllchenbakterien, die sich an ihren Wurzeln befinden, Stickstoff aus der Luft zu binden und in pflanzenverfügbare Form zu überführen. Mit dieser Fähigkeit können sie eine Stickstoffdüngung ersetzen.
Arten wie Ölrettich und Winterraps zeichnen sich dadurch aus, daß sie ein besonders tiefreichendes Wurzelgeflecht entwickeln, Winterroggen und das sogenannte Landsberger Gemenge ein besonders kräftiges. Der Inkarnatklee bildet Wurzeln und Grünmasse überdurchschnittlich rasch. Die *Phacelia* zeigt hübsche blaue Blütenrispen, für die sich auch Insekten brennend interessieren; daher auch der deutsche Name Bienenfreund. Die Sonnenblume ist natürlich in jedem Garten eine Attraktion, wenn man ihr genug Zeit läßt, zur Blüte zu kommen. Spinat und Feldsalat schließlich sind bekannte Gemüsearten, die gleichzeitig die Funktion eines Gründüngers erfüllen und abschließend noch verzehrt werden können. Der Spinat soll mit seinem Gehalt an Saponinen und Schleimstoffen einen besonders raschen und vorteilhaften Einfluß auf die Bodenstruktur ausüben.

Vor der Blüte wurde der Senf abgesichelt und als Mulch liegengelassen.

Alexandriner- (rechts) und Perserklee (links) reichern den Boden mit Stickstoff an.

Wichtig: die Verwandtschaftsverhältnisse

Durch den zur Verfügung stehenden Zeitraum, durch die erwünschten Wirkungen, aber auch durch ihre Ansprüche an Boden und Klima ergibt sich die Empfehlung, welche Arten im konkreten Fall am besten geeignet sind. Darüber hinaus muß man die Familienzugehörigkeit in Betracht ziehen. Denn auch bei der Gründüngung sollte auf die Fruchtfolge geachtet werden. Soll zum Beispiel nach dieser Maßnahme ein Gemüse aus der Familie Kohl angebaut werden, so darf man keine Gründünger

Oben: Kapuzinerkresse gilt als klassische Bepflanzung von Baumscheiben.
Rechts: Die Ringelblume wirkt im Boden harmonisierend.

aus derselben Familie verwenden, wie Raps oder Ölrettich. Denn diese Arten könnten Krankheitskeime oder Nährstoff-Ungleichgewichte weitertragen, anstatt zu harmonischem Gedeihen beizutragen. Besonders wertvoll sind in dieser Hinsicht Gewächse, die mit keinerlei Nutzpflanzen verwandt sind und deshalb unbedenklich eingesetzt werden können, wie der Buchweizen (Knöterichgewächs) oder *Phacelia* (Wasserblattgewächs).

Genaugenommen sollen die Gründünger eigentlich abgeschnitten werden, bevor sie in Blüte gehen. Denn im generativen Stadium verbrauchen sie noch mehr Kräfte und Nährstoffe als sonst, so daß die Düngewirkung wieder vermindert wird. Bei der *Phacelia* nimmt man darauf in der Regel keine Rücksicht; sie darf zur Freude des Gärtners und der Bienen blühen. Bei den anderen Arten ist es eine Geschmacksfrage, ob man sie aus zweckmäßigen Gründen ausgerechnet absichelt, bevor sie ihr ansehnlichstes Stadium erreichen.
Manche Arten eignen sich teils für die Mischkultur, teils zur Bepflanzung der Baumscheibe – weniger weil sie den Boden besonders lockern, sondern weil sie hübsch aussehen und dabei

auf ihre Pflanzennachbarn gesundheitsförderlich wirken. Die Studentenblume *(Tagetes erecta)* ist dafür bekannt, daß sie den Boden von Fadenwürmern (Nematoden) entseucht. Darüber hinaus ist sie ja eine beliebte Blütenpflanze. Die Ringelblume *(Calendula)* wirkt nicht nur in Hautsalben, sondern auch in der Mischpflanzung harmonisierend. Die Kapuzinerkresse schließlich ist eine bekannte Sommerblume, die gerne auf die Baumscheibe von Obstgehölzen gesetzt wird, weil sie den Baum von Läusen frei hält.

Pflanze	Saattermin	Saatmenge (g/m²)	Boden	Pflanzenfamilie	Eigenschaft
Winterharte Arten					
Spinat	2–3/7–9	ca. 5	alle	Gänsefußgewächs	eßbares Gemüse
Feldsalat	2–3/9–10	ca. 5	frisch	Baldriangewächs	eßbares Gemüse
Inkarnatklee	7–9	5–10	alle	Leguminose	raschwüchsig, stickstoffsammelnd
Esparsette	3–8	25–30	kalkhaltig	Leguminose	stickstoffsammelnd
Serradella	3–8	5–10	sauer, leicht	Leguminose	stickstoffsammelnd
Winterraps	8–9	ca. 5	alle	Kohlgewächs	Tiefwurzler
Winterzottelwicke	8–9	15–20	eher leicht	Leguminose	
Winterroggen	9–10	20–30	alle	Getreide	gute Durchwurzelung
Nichtwinterharte Arten					
Ackerbohne	2–4	ca. 20	eher trocken	Leguminose	stickstoffsammelnd, Tiefwurzler
Alexandriner/ Perserklee	3–4/8	5–10	alle	Leguminose	stickstoffsammelnd
Landsberger Gemenge	3–4/8–9	5–10	alle	(versch.)	stickstoffsammelnd, stark wurzelnd und viel Grünmasse
Ringelblume	3–6	ca. 5	alle	Korbblütler	heilkräftig, gelbe Blüte
Luzerne	3–8	ca. 5	kalkhaltig	Leguminose	stickstoffsammelnd
Phazelia	3–8	3–5	durchlässig	Wasserblattgewächs	hübsche Blüte, Bienenweide, viel Grünmasse
Gelbsenf	3–9	ca. 5	alle	Kohlgewächs	raschwüchsig, Tiefwurzler
Studentenblume	4–5	5–10	alle	Korbblütler	vertreibt Nematoden, blühend
Buchweizen	4–8	10–15	leicht, trocken	Knöterichgewächs	altes »Getreide«
Lupinen	4–9	20–30	sauer	Leguminose	stickstoffsammelnd, Tiefwurzler
Ölrettich	4–9	ca. 5	eher neutral	Kohlgewächs	Tiefwurzler
Sonnenblume	4–9	ca. 5	warm	Korbblütler	Tiefwurzler, viel Grünmasse
Futtererbsen	5–9	20–30	alle	Leguminose	stickstoffsammelnd
Sommerwicke	5–9	20–30	alle	Leguminose	stickstoffsammelnd

Erst die Bodenuntersuchung gibt Aufschluß

Bevor man sich daran macht, den Boden durch mechanische Maßnahmen oder durch Zugabe von Substraten und Nährstoffen nachhaltig zu beeinflußen, empfiehlt es sich, eine Bestandsaufnahme vorzunehmen. Dabei werden zunächst auch ganz banale Tatbestände registriert:

- die Lage des Gartens (geneigt – nach Süden oder absonnig, in der Senke usw.),
- die Zusammensetzung des Muttergesteins,
- die Art der Nutzung in den letzten Jahrzehnten sowie
- die Niederschlagsmenge.

Häufig wird der Handlungsbedarf augenfällig signalisiert, wie durch die Mangelernährung einiger Gartenpflanzen oder das Auftreten von Wasserpfützen über verdichteten Stellen. Solche Begleiterscheinungen sind natürlich bei der Diagnose hinzuzuziehen, um ihnen im wahrsten Sinne des Wortes auf den Grund zu gehen.
Bei der chemischen Analyse werden Nährstoffsituation und Bodenreaktion in Zahlen gefaßt, was uns lediglich wissenschaftliche Exaktheit vorgaukelt. Aber gerade im Bereich des Lebendigen dürfen auch die mit den Sinnen gesammelten Erkenntnisse nicht vernachlässigt werden. Der Zustand des Bodens gibt vor, welche Vegetation natürlicherweise darauf gedeihen kann. Umgekehrt läßt sich deshalb auch auf den Boden schließen, wenn man die Gruppe Pflanzen, die sich von selbst angesiedelt hat, analysiert (siehe S. 24). Mit der Finger- und der Schlämmprobe sind dem Hobbygärtner zwei einfache Methoden an die Hand gegeben, bei der er mit eigenen Sinnen die physikalischen Eigenschaften des Bodens er-

Fachkundige Gärtner können aus einem abgestochenen Bodenprofil viele Eigenschaften herauslesen.

gründen kann (siehe S. 17). Und wenn er den Boden glatt bis in mindestens 20 cm Tiefe absticht, kann er anhand der Färbung der verschiedenen Bodenschichten grobe Aussagen über den Humusgehalt und die Stärke der Wurzelschicht, also die Bodenqualität, treffen.
Der optimale Zeitpunkt für eine chemische Untersuchung ist das Frühjahr, bevor die Vegetationsperiode und die Aktivitäten des Gärtners beginnen. Aber auch im Herbst, nach Abschluß des Wachstums, gibt eine Bodenanalyse hilfreiche Informationen, wie der Boden für die kommende Saison vorzubereiten ist. Fachleute empfehlen, etwa alle 3–4 Jahre eine solche Untersuchung vorzunehmen.

Testsets für zu Hause

Man muß dazu nicht unbedingt die großen Labors in Anspruch nehmen. Wer Spaß hat an »chemischen Panschereien«, für den gibt es im Fachhandel kleine Testsets. Meist wird mit entsprechenden Chemikalien eine Bodenlösung hergestellt, und anhand deren Färbung läßt sich eine Aussage über die zu ermittelnden Gehalte treffen, indem man sie mit einer beigefügten Farbskala vergleicht.
Wie die Stiftung Warentest festgestellt hat, sind solche Minilabors allerdings nur für **pH-Wert** und **Nitratgehalt** wirklich aussagekräftig (und letzterer ist für den Gärtner nur bedingt brauchbar). Sie werden beispielsweise von den Firmen *Merck, Neudorff* und *Sudbury* angeboten. In deren Sets findet man alles was man braucht, um ohne große Vorkenntnisse und in kurzer Zeit die gewünschten Werte zu bestimmen. Die Analysesets für Kali- und Phosphatwerte dagegen sind weniger zuverlässig und daher weniger empfehlenswert, ebenso wie die Sonden, die man nur in den Boden steckt und die dann den gesuchten Wert anzeigen sollen. Darüber hinaus gibt es auch sehr teure Chemielabors für daheim (z.B. *Kosmos*) oder Taschencomputer, welche die gewünschten Daten gleich elektronisch auswerten (z.B. *Merck*). Für den Hobbygärtner ist der finanzielle Aufwand normalerweise nicht lohnend.

Testsets für zu Hause sind einfach und billig, aber nicht so aussagekräftig wie eine Laboruntersuchung.

In letzter Zeit bieten auch zahlreiche Hersteller von Dünge- und Bodenverbesserungsmitteln (z.B. *Günther Cornufera, Manna*) Bodenuntersuchungen an, teils als Testset, teils als Angebot zur Untersuchung im angeschlossenen Labor. Über die Qualität solcher Untersuchungen liegen keine Erfahrungen vor; natürlich sollte man im Kopf behalten, daß die Hersteller in erster Linie ihre Produkte verkaufen wollen.

Verbindliche Aussage: die Analyse aus dem Labor

Die staatlichen LUFA'S (**L**andwirtschaftliche **U**ntersuchungs- und **F**orschungs-**A**nstalten) bieten als Standarduntersuchung mehr oder weniger einheitliche Leistungen an: In der Regel gehören dazu pH-Wert, Phosphor-, Kalium- und Magnesiumgehalt sowie Kalkbedarf und Düngeempfehlungen. Die meisten Labors ermitteln außerdem die Bodenart. Die Preise für diese vier bis sechs Kennwerte liegen sehr günstig, aber auch stark gestreut (1994 zwischen 6 und 33 DM).
Die Untersuchung beim privaten Labor Dr. Balzer kostet derzeit 60 DM, liefert aber auch zwölf Kennwerte, darunter Humusgehalt, biologische Aktivität und verschiedene Neben-Nährstoffe, sowie eine ausführliche Empfehlung für Bodenpflege, Düngung und Bewässerung nach der Maßgabe biologischer Methoden. Dieses Institut hat sich bei Fachleuten und zahlreichen Vergleichstests einen sehr guten Ruf erarbeitet. Die anderen Privatlabors können selten auf einen vergleichbaren Erfahrungsschatz zurückgreifen, warten jedoch in der Regel ebenfalls mit preisgünstigen Leistungen auf.
Naturgemäßes Gärtnern hat sich im Privatbereich nicht nur immer weiter verbreitet, sondern wird aus Gründen des Umweltschutzes selbst von den offiziellen Stellen vertreten. Im Widerspruch dazu orientieren sich die Empfehlungen einiger LUFAs noch an der konventionellen Landwirtschaft – die biologischen Methoden werden vernachlässigt.

Stickstoff (N), das wichtigste Nährelement, kann leider nur sehr schwer bestimmt werden. Auf Wunsch wird eine Gesamtstickstoff-Bestimmung vorgenommen, die eigens zu honorieren und teurer ist als die Standarduntersuchung. Hierbei wird der komplette im Boden gespeicherte Stickstoffvorrat bemessen, was aber wenig über die pflanzenverfügbare Menge aussagt, denn der meiste Stickstoff ist stabil in organischen Substanzen gebunden und wird nur sehr langsam freigesetzt. Seit einigen Jahren wird dagegen im Erwerbsanbau die sogenannte N_{min}-Methode angewendet: Dabei wird nur der mineralisierte und deshalb rasch verfügbare Stickstoffanteil ermittelt, um kurzfristige Düngemaßnahmen genau nach Bedarf zu bemessen. Mit den Teststäbchen daheim kann man nur den als Nitrat mineralisierten N-Anteil messen, die ebenfalls lösliche Ammoniumform wird hierbei vernachlässigt und läßt sich bestenfalls abschätzen.

Auch mit speziellen Fragestellungen kann man sich an die Bodenlabors wenden. Meist wird es sich dabei um Verunreinigungen mit Schadstoffen handeln, die entweder durch die frühere Flächennutzung (z.B. Pflanzenschutzmittel) oder durch die Verfrachtung mit der Luft auf den Boden gelangt sind (z.B. Schwermetalle). Oft besteht auch nur ein Verdacht und kann durch eine Analyse bestätigt oder ausgeräumt werden. Allerdings sind solche Sonderuntersuchungen häufig sehr kostspielig. Deshalb wird man nur bei schwerwiegenden Problemen zu diesem Mittel greifen. Und es lohnt sich auf jeden Fall, zuvor bei mehreren Labors anzufragen und Preisvergleiche anzustellen, weil sehr unterschiedlich kalkuliert wird.

Wichtig: die richtige Probenahme

Aufgrund unterschiedlicher Behandlung und Bedürfnisse empfiehlt es sich, den Boden verschiedener Gartenbereiche getrennt untersuchen zu lassen: Gemüsebeete, Staudenrabatten, Obstwiesen usw. Von diesen Bereichen wiederum sind jeweils an mehreren Stellen Stichproben zu entnehmen, bei größeren Flächen von etwa zehn Stellen, um eine repräsentative Probe zusammenzumischen. Dazu sticht man mit dem Spaten etwa 20 cm tief in den Boden, entnimmt 2–3 cm starke Proben und wirft diese in einen Eimer. Hat man genügend solcher Proben zusammen, so mischt man diese gut durcheinander und entfernt eventuelle Fremdkörper. Schließlich werden je nach Vorgabe des Untersuchungsinstituts, die zuvor anzufordern ist, zwischen 200 und 500 g Erde entnommen und in einen Plastikbeutel gefüllt. Vor allem wenn man mehrere Proben einschickt ist es wichtig, den Beutel gleich deutlich zu kennzeichnen. Dieser Kennzeichnung ordnet man später ein Begleitschreiben zu, das die wichtigsten Daten über die Prüffläche enthält; häufig gibt es dazu Vordrucke vom Untersuchungsinstitut. Schließlich wird das Ganze für den Postversand sicher verpackt und an das nächstgelegene oder ein anderes Labor nach Wahl versandt (Adressen siehe S. 98).

Für eine Laboranalyse sticht man an mehreren Stellen Proben, vermischt sie sorgfältig und versendet die angeforderte Menge mit Begleitschreiben.

Praktische Grundlagen von Düngung und Bodenverbesserung

Wie wir in den vorausgegangenen Kapiteln gehört haben, gibt es zahlreiche Möglichkeiten, um Struktur und Nährstoffhaushalt unseres Bodens zu beeinflußen:

- Umgraben oder flaches Lokkern;
- Einarbeiten von nährstoffreichem Mist oder Kompost;
- Einarbeiten von Dauerhumus in Form von Reifkompost o.ä.;
- Mulchen, also das Bedecken offenen Bodens;
- Gründüngung mit Pflanzen, die den Boden gut durchwurzeln;
- Ausbringen von Kalk, Gesteinsmehl oder anderen Bodenverbesserungsmitteln zur Förderung chemischer und physikalischer Eigenschaften;
- schließlich direkte Düngung zur Versorgung mit Nährstoffen, am besten mit organischen Substanzen, zur raschen Behebung von Mängeln auch mit mineralischen Düngern.
- Um diese Maßnahmen gezielt einsetzen zu können, werden regelmäßige Bodenuntersuchungen empfohlen.

Eine wichtige Ergänzung der Bodenpflege, sogar auch der Pflanzenernährung sind im Gemüsegarten die richtige Fruchtfolge und Mischkultur. Durch geeignete **Mischkulturen** wird der Boden von benachbarten Pflanzenarten mit unterschiedlichen Wurzelformen, aber ähnlichen Ansprüchen optimal aufgeschlossen. Außerdem wird er dabei effektiver bedeckt als bei Monokultur, so daß Feuchtigkeit und Krümelstruktur besser erhalten bleiben und unerwünschte Wildkräuter geringere Chancen haben.
Bei der **Fruchtfolge** sind zunächst die Verwandtschaftsverhältnisse zu berücksichtigen, wodurch eine einseitige Auslaugung des Bodens oder eine Anreicherung bestimmter Stoffwechselprodukte vermieden werden soll. Gleichzeitig wird nach Nährstoffbedürfnissen differenziert: Nach einer kräftigen Düngung, traditionellerweise mit Mist(-Kompost), stehen in »erster Tracht« die Starkzehrer, ein Jahr danach in »zweiter Tracht« die Mittelzehrer und erst im dritten Jahr die Schwachzehrer (siehe S. 88), bevor wieder die nächste Mistgabe fällig ist. Dazwischen werden lediglich kurzfristig wirksame Ergänzungsdünger verabreicht.

Mischkultur und Fruchtfolge sind Teil der Maßnahmen, um den Boden fruchtbar zu erhalten.

Vor allem im Nutzgarten können die unterschiedlichen Ansprüche berücksichtigt werden.

Düngung oder Bodenpflege?

Die Maßnahmen der Bodenpflege hängen hauptsächlich von der Bodenart, von der jahreszeitlichen und klimatischen Situation sowie von der jeweiligen Nutzung ab. Die Empfehlungen dazu sind in den entsprechenden nachfolgenden Kapiteln zu finden. Etwas schwieriger und von allgemeiner Bedeutung ist die Ermittlung des tatsächlichen Nährstoffbedarfs.

Im streng naturnahen oder biologischen Gartenbau vertritt man die These, daß eine direkte Düngung eigentlich nicht erforderlich ist. Stattdessen soll der Humus durch regelmäßige Gaben von Kompost aufgebaut werden, und der enthält soviele Nährstoffe, daß auch diese Gaben sorgfältig dosiert werden müssen, um den Boden nicht zu überfrachten.

Auch wenn man sich nicht der Sichtweise der Biogärtner anschließt, muß man feststellen, daß sich die Düngeempfehlungen in den letzten Jahren dramatisch gewandelt haben. Vor allem im Obst- und Gemüsebau wurden die Nährstoffverluste, welche die Abfuhr des Ernteguts rechnerisch verursachen soll, nach neueren Forschungen auf einen Bruchteil der früher angenommenen Werte zurückgenommen. Und so kommen offizielle Stellen zu dem Ergebnis, daß eine 1 cm hohe Kompostschicht schon alle Bedürfnisse an Nährstoffen erfüllt, mit Ausnahme des Stickstoffs.

Werden bei verschiedenen Gemüsekulturen nach der Bodenvorbereitung noch eine Startdüngung und eine spätere Kopfdüngung verabreicht, so hat das weniger mit einem generellen Mangel an Nährstoffen im Boden zu tun, sondern eher mit einer entwicklungsbedingten Diskrepanz zwischen dem Pflanzenbedarf und der Nachlieferung von rasch verfügbaren Nährstoffen. (Auch hier konzentrieren sich die Bemühungen auf den Stickstoff.)

Wenn man die hochgezüchteten und meist nicht standortgerechten Pflanzen zusätzlich mit Nahrung versorgt, so daß sie in diesen Entwicklungsstadien ein optimales Angebot vorfinden, dann muß man zur Kenntnis nehmen, daß ein guter Teil der Nährstoffe das Gleichgewicht des Bodens übersteigt.

Auf die durch die Düngung verursachten Überschüsse stößt man an allen Ecken und Enden: Fast alle Nutzgärten besitzen im Boden deutlich überhöhte Phosphat- und Kaliumgehalte (siehe S. 13), meist auch einen Kalküberschuß. Der Stickstoff macht sich als Nitrat vor allem in

Grundwasser und Lebensmitteln unangenehm bemerkbar. Die heutigen Untersuchungsmethoden und die daraus gezogenen Schlüsse sind ein wesentlicher Fortschritt gegenüber der althergebrachten Sichtweise »Viel hilft viel«. In den meisten Fällen wird konsequenterweise von einer Düngung mit phosphat- oder kalihaltigen Düngern völlig abgeraten. Bezüglich des Stickstoffs dagegen geht man meist davon aus, daß eine Zusatzdüngung grundsätzlich notwendig ist. Wer nicht unbedingt Höchsterträge erzielen will, der kann die direkten Düngemaßnahmen auf ein Minimum reduzieren.

Sonderfall Stickstoff

Wie schon erläutert (siehe S. 74), ist der Stickstoffhaushalt schwer bemeßbar, auch wenn inzwischen die Nährstoffentzüge durch die verschiedenen Kulturen genauestens archiviert sind. Denn der Gesamtgehalt ist nur zu einem geringen Teil verfügbar, und der lösliche Stickstoff (als Nitrat und Ammonium zu messen) berücksichtigt nicht die Mengen, die im Laufe der Zeit mit Hilfe der Bodenlebewesen mineralisiert werden.

Auch ein Zuviel an Stickstoff ist ungesund, sogar schädlicher als zuwenig. Mit einer bescheidenen Ernährung läßt es sich in der Regel gesünder leben als mit einem Luxuskonsum, der auch bei Pflanzen so etwas wie ein »Übergewicht« verursacht: Es kann Ausgangspunkt sein für Krankheiten und Schädlingsbefall. Deshalb läßt sich eine maximale Erntemenge nur mit genau abgestimmter Düngung erreichen, so daß die Pflanzen in jedem Entwicklungsstadium

Bei der konventionellen **Ermittlung des Nährstoffbedarfs** wird eine Rechnung aufgestellt, die dem komplexen Bodenorganismus nie ganz entsprechen kann: Man unterstellt eine gewisse Mineralisierung der Nährstoffe aus der vorhandenen organischen Bodensubstanz, addiert die überschüssige Düngung aus den vorherigen Kulturen (z.B. erste Tracht), hinzu kommen Nährwerte von Ernterückständen oder einer Gründüngung, und zieht davon den Nährstoffbedarf der vorgesehenen Kultur ab, die sich meist durch den sogenannten »Entzug« ergibt. Die N_{min}-Methode versucht, den mineralisierten Stickstoffanteil im Boden möglichst exakt zu beschreiben, und stellt dem den Bedarf gegenüber, den die Kultur ihrem Entwicklungsstand entsprechend noch hat. Hierzu gibt es für den Erwerbsanbau detaillierte Tabellen.

Mit einer 1 cm starken Kompostschicht werden die Nährstoffbedürfnisse erfüllt, Ausnahme: Stickstoff.

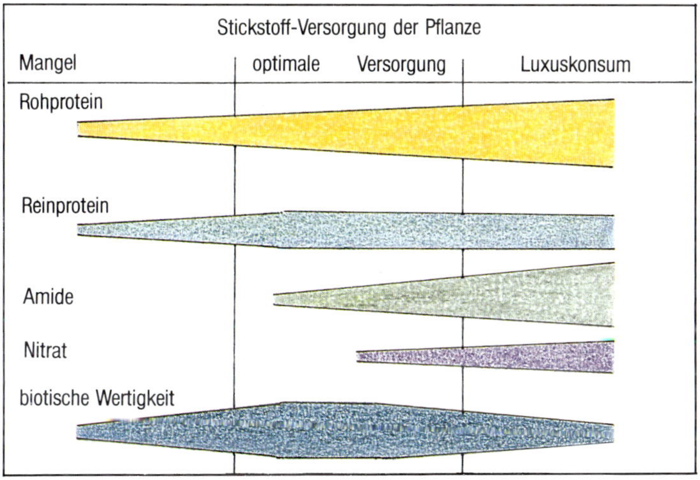

Bei übertriebenem Stickstoffangebot wachsen nicht nur Wert-, sondern auch Problemstoffe.

die optimale – nicht die maximale – Nährstoffzufuhr erhalten. Wer darauf angewiesen ist, von seiner Fläche möglichst hohe Ernten zu gewinnen, der sollte sich deshalb die Bodenanalyse zunutze machen.
Um von einem errechneten Bedarf aus den Düngereinsatz pro Quadratmeter zu ermitteln, ist folgende Tabelle hilfreich.

Umrechnungstabelle: Wieviel Düngemittel brauche ich, um den Bedarf von 1, 3, 5, 10, 15 oder 20 g pro Quadratmeter zu erfüllen? (Die Zahlen sind abgerundet.)

Welcher Nährstoff mit welchem Düngemittel:	erwünschte Nährstofflieferung pro Quadratmeter: 1 g	3 g	5 g	10 g	15 g	20 g
Stickstoff (N)						
Horndünger oder Blutmehl (10–15%)	7 g	20 g	35 g	70 g	100 g	140 g
Rizinusschrot (5%)	20 g	60 g	100 g	200 g	300 g	400 g
organischer Volldünger (mit 7%)	15 g	40 g	70 g	140 g	210 g	280 g
Schwefelsaures Ammoniak, Kalkstickstoff (20%)	5 g	15 g	25 g	50 g	75 g	100 g
Phosphor (P_2O_5)						
Knochenmehl (25%)	4 g	12 g	20 g	40 g	60 g	80 g
Guano (mit 12%)	8 g	25 g	40 g	80 g	120 g	160 g
Thomasphosphat (15–20%)	5 g	15 g	25 g	50 g	75 g	100 g
Kalium (K_2O)						
Kalimagnesia (25–30%)	3 g	10 g	16 g	30 g	50 g	65 g
Holzasche (ca. 10%)	10 g	30 g	50 g	(nicht zu empfehlen)		
Kalk ($CaCO_3$)						
Algenkalk (70%)	1,5 g	4 g	7 g	14 g	20 g	30 g
Kohlensaurer Kalk (ca. 85%)	1,2 g	3,5 g	6 g	12 g	18 g	24 g
Kalkstickstoff (ca. 60% CaO!) (CaO wirkt fast doppelt so stark wie $CaCO_3$)	1 g	2,5 g	4 g	8 g	12 g	32 g

Wie man Kompost richtig einsetzt

Gleich zu Beginn ist nochmals zu betonen, daß auch mit Kompost überdüngt werden kann. Viele der Gärten, in denen die Bodenuntersuchung überhöhte Phosphor-, Kali- und Magnesium-Werte nachwies, waren ausschließlich organisch gedüngt worden. Um die Versorgung mit diesen Elementen zu sichern, genügt sogar bei anspruchsvollen Kulturen bereits eine 1 cm hohe Kompostschicht pro Jahr. Lediglich der Stickstoff bleibt hierbei unterrepräsentiert und muß für eine optimale Ernährung der Kulturpflanzen zusätzlich verabreicht werden. Deshalb sollte man den Kompost nicht auf den Nutzflächen konzentrieren, sondern im ganzen Garten ausbringen.

Welcher Kompost für welche Zwecke?

Vor dem Praxiseinsatz wollen wir noch einmal eine wichtige Unterscheidung ins Gedächtnis rufen: Der zwischen 2 und 6 Monate alte **Frischkompost** (siehe S. 80) enthält noch eine große Zahl aktiver Mikroorganismen sowie halb verrottete Materialien, was im Boden für eine beschleunigte Umsetzung und damit Freisetzung von Nährstoffen sorgt; sein Humus dagegen wird relativ rasch wieder abgebaut. Auch Frischkompost muß soweit ausgereift sein, daß er bei einem Keimtest keine Schäden verursacht.

Man kann Frischkompost zwar bereits nach 6 Wochen Rotte verwenden, allerdings nur als Mulch, den man nicht einarbeitet, sondern obenauf liegen läßt. Damit die Bodenlebewesen nicht gleich verschwinden, sollte dieser Kompostmulch in den ersten Wochen laufend feucht gehalten werden.

Die vorrangige Wirkung des **Reifkomposts** ist in einer anhaltenden Verbesserung der Bodenstruktur zu sehen, was auf den Dauerhumus-Gehalt zurückzuführen ist. Reifkompost wird deshalb bevorzugt bei Neuanlagen (siehe S. 80) eingesetzt. In solchen Fällen darf die Kompostdecke ruhig auch mehrere Zentimeter hoch sein.

Kompost wird am besten in mehreren Schritten ausgebracht.

In der Saatrille ist Reifkompost besonders wertvoll.

Herstellung eines Kompostauszugs:
1 Liter gesiebten Reifkompost in 10 Litern Wasser 1–2 Wochen stehenlassen, abseihen und mindestens um den Faktor 1:10 verdünnen. Diese Brühe kann zur raschen Nährstoffversorgung versprüht werden, stärkt aber auch die Abwehrkräfte und vermindert den Krankheitsbefall.

Auf schweren Böden ist vor allem der Reifkompost wertvoll, weil er für einen besseren Luft- und Wasserhaushalt sorgen soll. Leichte, sandige Böden hingegen können nur wenige Nährelemente festhalten und profitieren kurzfristig vor allem von der Düngewirkung des Frischkomposts. Langfristig ist hier natürlich ebenso der Aufbau einer dauerhaften Humusschicht anzustreben.
Ein weiterer Unterschied auf leichten Böden: Weil die Luft tiefer eindringen kann, darf auch der Kompost tiefer eingearbeitet werden. In schweren Böden würden die sauerstoffbedürftigen Bodenlebewesen ersticken, wenn man sie mehr als 10 cm tief eingräbt.

Der richtige Zeitpunkt

Wenn im Frühjahr die Beete für die Aussaaten und Pflanzungen vorbereitet werden sollen, darf man ausschließlich Reifkompost verwenden. Eine zu triebige Wirkung ist bei den jungen Kulturen nicht erwünscht; sie würde der Wurzelbildung entgegenstehen. Und der im Beet fortgesetzte Rotteprozeß könnte die empfindlichen Keimlinge schädigen.
Nach alter Gewohnheit wird der Kompost im Herbst ausgebracht. Aufgrund der Umweltprobleme wird inzwischen davon abgeraten. Denn die freigesetzten Nährstoffe werden um diese Zeit nicht mehr von den Pflanzen aufgenommen, so daß die Überschüsse als Belastung ins Grundwasser sickern.
Mit Blick auf die anderen Belastungsquellen soll aber auch gesagt werden, daß Gärtner, die ausschließlich und mit Bedacht mit Kompost düngen, ihn unter zwingenden Umständen auch einmal im Herbst ausbringen dürfen. Allerdings sollten dann Gründünger darüber gesät werden. Denn sie sind in der Lage, einen Teil der überschüssigen Nährstoffe zu binden.
Grundsätzlich soll der Kompost nicht mit einer einzigen jährlichen Gabe verabreicht werden. Die anhaltendste Wirkung ist zu erwarten, wenn man ihn jedes Jahr in mehreren, mindestens drei bis vier Schritten ausbringt, um überall die erwünschte Schichthöhe zu erreichen.

Rechenexempel
Um 1 m^2 eines Beetes 1 cm hoch mit Kompost zu bedecken, ist exakt ein voller 10-Liter-Eimer erforderlich. Mit einer Schubkarre voll lassen sich etwa 5 m^2 bedecken. 1 m^3 Kompost wiegt in einigermaßen abgetrocknetem Zustand zwischen 500 und 1200 kg und reicht für 100 m^2 Gartenfläche aus.

Behandlung besonderer Probleme und Situationen

Auf einem gesunden, langjährig gepflegten Untergrund ist die Behandlung des Bodens einfach: Man hält ihn die meiste Zeit bedeckt, liefert gelegentlich organisches Material nach, sei es in Form der Mulchdecke, einer Gründüngung, einer Mist- oder einer Kompostgabe, und ersetzt nur bei Bedarf gezielt Nährelemente, vorrangig den Stickstoff. Bearbeitet werden muß der Boden nur wenig, vor allem im Frühjahr zur Vorbereitung sowie während der Wachstumsperiode, um die Belüftung zu verbessern, die Verdunstung zu verringern und Unkräuter zu entfernen.
Wenn jedoch starke Abweichungen vom Ideal vorliegen, muß man schon massiv eingreifen, um den Pflanzen günstige Wachstumsbedingungen zu verschaffen. Dies kann bei einem extrem schweren oder leichten Boden der Fall sein, aber auch schon dann, wenn eine ungepflegte Brachfläche oder gar eine Baustelle in Gemüse- oder Blumenbeete umgewandelt werden soll.

Neugewinnung von Gartenflächen

Am einfachsten ist es sicher noch, eine wilde Wiese zu kultivieren, sofern sie keinen groben Störungen unterliegt. Es genügt dann, die Vegetationsschicht abzuhacken, auch wenn dabei der Großteil des Humus verlorengeht. Wenn man diese Soden fachgerecht kompostiert, kann der Humus schon bald wieder vervielfacht zurückgebracht werden. Der verbleibende Untergrund muß dann vor allem gelockert werden. Eventuell nötige Zusätze werden bei einer Bodenuntersuchung ermittelt.
Schwieriger wird es, wenn man einen Boden vor sich hat, der stark mit **Problemunkräutern** überwuchert ist. Bei einem leichten Boden und einer begrenzten Fläche läßt sich diese Problematik noch von Hand angehen: Der Gärtner arbeitet sich Stück für Stück durch die obersten 20 cm und entfernt dabei nach Möglichkeit auch noch das kleinste Wurzelstück, aus denen die unerwünschten Pflanzenarten wieder austreiben könnten. Eventuell wird dazu der gesamte Oberboden durchgesiebt.
Auf schwereren Böden und großen Flächen muß man die Handarbeit durch viel Geduld ersetzen. Denn erst nach zwei Vegetationsperioden kann der Boden ohne großes Risiko genutzt werden. Wie man dazu schrittweise vorgehen kann, ist im nebenstehenden Kasten beschrieben.
Kartoffeln sind eine hervorragende Nutzpflanzenkultur, um den Boden vorzubereiten: Mit ihrem kräftigen Laubwuchs unterdrücken sie Unkräuter und fördern die Gare, nicht zuletzt weil gehackt werden kann und muß.

Will man neue Flächen kultivieren, so ist vor allem Verdichtungen und Wurzelunkräutern entgegenzuwirken.

Für die herbstliche Aussaat von **Gründüngern** (siehe auch S. 68) sind vor allem Gelbsenf (bis Mitte August), Ölrettich, *Phacelia* (auf leichten Böden) oder Alexandrinerklee (Leguminose) geeignet. Im Frühjahr lassen sich beispielsweise Sonnenblumen (April/Mai), Ackerbohnen (bis März) oder Lupinen (April/Mai, bevorzugt saure Böden) aussäen, die allesamt über ein kräftiges Wurzelwerk verfügen. Die beiden letztgenannten sind Leguminosen und tragen zur

Zweijährige Bodensanierung

- Im ersten Sommer geschlossene Pflanzendecken abheben, kleinere Bestände leicht einarbeiten, ansonsten lockern.
- Keinesfalls mit Motorfräse bearbeiten, weil dadurch die vitalen Rhizome der Wurzelunkräuter nur vervielfacht werden.
- Eine dünne Kompostschicht ausbringen und mit Pappe abdecken.
- Darüber 5–10 cm hoch Mist schichten, mit Gesteinsmehl überstreuen und gut befeuchten.
- Schließlich mit Stroh dicht mulchen. Durch diese Decke dringt sicherlich kein Unkraut, gleichzeitig wird der Untergrund belebt und mit Nährstoffen angereichert.
- Bis Anfang September werden Gründünger eingesät. Diese dürfen über Winter abfrieren und liegenbleiben.
- Im Frühjahr entfernt man die Pflanzenabfälle und legt Kartoffeln aus. Dazu müssen Löcher in die Pappereste gestanzt werden.
- Im Spätsommer des zweiten Jahres schließlich, nach der Kartoffelernte, sollte man nochmals eine Gründüngung einsäen.
- Bis zum nächsten Frühjahr ist der Boden bestens vorbereitet.

Die hübsch blühende *Phacelia* ist ein geeigneter Gründünger für den Herbst.

Stickstoffanreicherung bei. Eine Mischung aus verschiedenen Gründüngern kann den Boden besser aufschließen als nur eine einzelne Art.
Wer keine Zeit oder Möglichkeiten hat, den Boden mit Kompost und Mist zu veredeln, der kann aushilfsweise auch mit einem organischen Volldünger für die Anreicherung von Nährstoffen sorgen. Ob dies nötig ist, sollte allerdings zuvor mit einer **Bodenuntersuchung** (siehe S. 72) geklärt werden. Auch Kalk kann je nach Standortbedingungen sehr hilfreich sein, während Gesteinsmehl fast auf jedem Boden seine vorteilhaften Wirkungen entfaltet.

Die Frage liegt nahe – soll man auf frischen Flächen der Nährstoffanreicherung oder der Strukturverbesserung den Vorzug geben, kurz: **Frisch- oder Reifkompost?** Die Antwort ist nicht schwierig zu finden: Damit die Nährstoffe effektiv gespeichert werden können, sollte zuerst Dauerhumus aufgebaut werden, mit bis zu 20 Litern Reifkompost für die obersten 10 cm eines Quadratmeters. Erst danach lohnt es sich, den Stoffkreislauf in Gang zu bringen. Es sollte allerdings nicht schwerfallen, mit allen zur Verfügung stehenden Techniken sowohl die Strukturverbesserung als auch Bodenbelebung und Nährstoffversorgung anzupacken.

Wenn ein Garten auf einem **Neubaugrundstück** angelegt werden soll, ist in der Regel weniger mit Unkräutern als vielmehr mit den Verdichtungen zu kämpfen, welche die schweren Baumaschinen hinterlassen. Wer schon zu Beginn der Bauarbeiten an seinen späteren Garten denkt, kann sich einen wichtigen Vorteil verschaffen: Er sollte der Baufirma den Auftrag geben, beim Aushub den Oberboden (die obersten 20–50 cm) und den Untergrund getrennt zu lagern. Denn nur die oberste Schicht enthält Humus und bietet den Pflanzen günstige Wachstumsbedingungen.

Die im obigen Kasten beschriebene Methode ist auch ein geeigneter Weg, der Verdichtungen Herr zu werden. Vor der Bepflanzung muß man den Boden möglichst tiefgründig lokkern. Stellen, an denen Gehölze vorgesehen sind, sollten je nach deren Größe 50 cm und tiefer gelockert werden. Zur Not kann man bei einem Neubaugrundstück auch eine Motorfräse mit starkem Tiefgang zu Hilfe nehmen.

Schwerer Boden

Schwere Böden heißen so, weil sie schwer zu bearbeiten sind. Deshalb kommen die tiefgreifenden Bodenbearbeitungsmaßnahmen nicht nur den Pflanzen, sondern auch dem Gärtner zugute. In den meisten Fällen werden sie über Winter eingesetzt, weshalb wir im Herbst beginnen wollen: Wie schon in einem vorangehenden Kapitel (siehe S. 62) beschrieben, ist bei einem überdurchschnittlich schweren Boden das Umgraben durchaus zu empfehlen, trotz der »umwälzenden« Einflüße auf die Mikroorganismen. Wenn man dabei zwei Spaten tief gräbt (Holländern, siehe S. 63),

Sonnenblumen können mit ihrem tiefreichenden Wurzelwerk schwere Böden aufschließen.

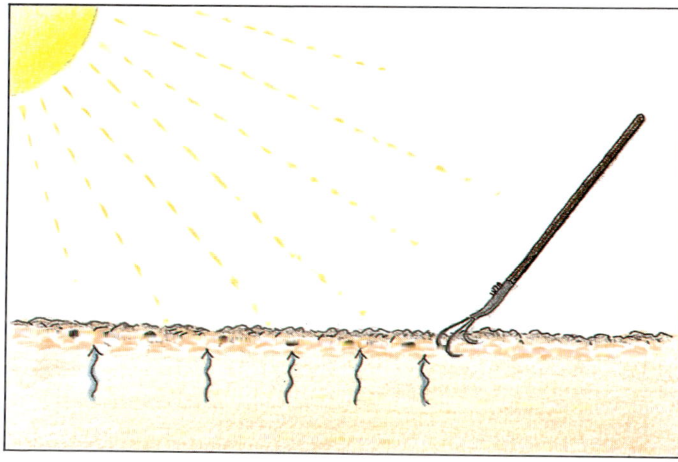

Auf schweren Böden lockert man im Saatbett nur bis Aussaattiefe (siehe Kasten).

ist die Wirkung um so nachhaltiger. Die weniger aufwendige, aber auch weniger wirkungsvolle Alternative: Man lockert den Boden mit der Grabgabel, so tief und effektiv wie möglich, und sät eine kräftig wurzelnde Gründüngung ein. Ölrettich, Winterroggen, Landsberger Gemenge, Luzerne, Lupinen, Stein- und Gelbklee eignen sich für diesen Zweck am besten. Über Sommer lassen sich Sonnenblumen aussäen, nicht nur weil sie schön blühen, sondern auch ein sehr tiefreichendes Wurzelwerk entwickeln.

Vor allem auf schweren Böden empfiehlt es sich, den Untergrund für die Aussaat nur ganz flach oberflächlich zu lockern: Gerade so tief, wie die Samen liegen sollen. Auf diese Weise lagern sie auf einem festen Untergrund, bis zu dem die nach oben führenden Leitungsbahnen des Haftwassers führen und der einen guten Kontakt gewährt. Nach oben hingegen ist die »Wasserleitung« unterbrochen – die Feuchtigkeit kann nicht verdunsten, sondern bleibt dem Keimling erhalten. Gleichzeitig kommen durch die gelokkerte Auflage Luft und Wärme besser an die werdende Pflanze heran.

Gleichzeitig mit der Gründüngungseinsaat kann man auch etwas Kohlensauren Kalk verabreichen (50–100 g/m^2, z.B. Algenkalk), sofern die Bodenuntersuchung dafür Raum läßt. Auf schweren Böden darf bereits ab pH-Werten unter 6 Kalk gegeben werden. Nur in der kohlensauren Form fördert er die Strukturbildung.
Wenn umgegraben wurde, verabreicht man den Kalk nach dem Winter. Sobald die Erde nicht mehr an den Schuhen klebt, werden die Schollen mit Krail oder Kultivator noch einmal zerkleinert und gelockert. Anschließend bringt man Kompost aus und ebnet das Beet für die Nutzung. Der dunkle Kompost trägt unter anderem dazu bei, daß sich der ansonsten unterkühlte schwere Boden etwas rascher in der Sonne erwärmt.
Gründünger hackt man ab und entfernt die oberirdischen Teile vom Beet, bevor noch einmal tiefgründig mit den obengenannten Werkzeugen gelockert und Kompost ausgebracht wird.

Spargel ist eine der Kulturen, die besonders gut auf leichten Böden gedeiht.

Während der Vegetationsperiode ist es wichtig, daß regelmäßig gehackt wird, insbesondere wenn es längere Zeit trokken ist und der Boden bereits rissig wird. In solchen Perioden bewährt sich auch eine Mulchschicht.
Schwerere Böden werden gut vertragen von den Kohlgewächsen und vom Lauch sowie von Kartoffeln. Unter den Obstgehölzen eignen sich die Pflaumen sowie Johannisbeeren, Stachelbeeren und Himbeeren am besten für solche Standorte, bedingt noch Birnen.

Leichter Boden

Auf leichten Sandböden kommt es darauf an, die Speicherfähigkeit von Wasser und Nährstoffen zu verbessern, und das geht am besten durch den Aufbau einer Humusschicht. Deshalb wird man mit allen zur Verfügung stehenden Methoden organisches Material zuführen:

- Mist(-kompost);
- Kompost, am besten in kleinen, aber häufigen Gaben;
- Anbau von Gründüngern mit starkem Wachstum, die viel Grün- und Wurzelmasse im Boden hinterlassen;
- Mulch.

Die Mulchschicht erfüllt auf leichten Böden nicht nur die Aufgabe, sie mit organischem Material anzureichern: Der offene Untergrund erwärmt sich sehr rasch, während die Abdekkung Temperaturunterschiede ausgleicht. Außerdem verhindert sie die Verdunstung des wenigen Wassers, das ein Sandboden halten kann.
Auch über Winter ist eine Mulchabdeckung sinnvoll, um den Frost nicht zu tief eindringen zu lassen. Ebenso kann eine Gründüngung eingesät werden, möglichst eine winterharte, die sogar bei Kälte noch etwas Pflanzenmasse entwickelt.
Im Frühjahr können die Rückstände der Gründünger entweder als Mulch liegenbleiben oder leicht in den Boden eingearbeitet werden, wo sie rascher verrotten. Ansonsten ist zum Ebnen nur eine oberflächliche Lockerung notwendig. Im Saatbett muß der Untergrund eventuell sogar durch Anklopfen mit dem Rechenrücken

etwas verfestigt werden, damit die Samen einen guten Bodenkontakt bekommen.
Kalk braucht bei leichten Böden erst bei pH-Werten unter 5 verabreicht zu werden, weil sie von vornherein etwas saurer sind. Regelmäßige Gaben von Tonmehl (z.B. *Bentonit*) tragen dazu bei, die Speicherfähigkeit des Bodens zu erhöhen.
Besonders gut gedeihen auf leichten Böden zahlreiche Wurzelgemüse, wie beispielsweise Spargel, Zwiebeln oder Möhren. Auch Buschbohnen und Tomaten bevorzugen einen Boden, der sich rasch erwärmt, ebenso wie unter den Obstarten Walnuß, Wein und Brombeeren. Für den Ziergarten bieten sich vor allem Arten an, die von ihrem Naturstandort wenig Wasser und Nährstoffe gewöhnt sind, wie Steppen- oder Steingartengewächse.

Vor allem auf Kalkböden können Steine den Gärtner zur Verzweiflung treiben, wenn sie immer und immer wieder auf der Oberfläche erscheinen. Man wird zwar die größten regelmäßig auslesen oder herausrechen. Der Vorrat aus der Tiefe aber ist schier unerschöpflich, und man wird sich auf Dauer mit einem steinigen Substrat abfinden müssen. Mit Hoch- oder Hügelbeeten kann man dem Problem etwas ausweichen.

Zwiebeln vertragen sowohl leichte als auch saure Böden. Letztere lassen sich mit einer Heidesituation (rechts) attraktiv bepflanzen.

Moorboden

Saure Moorböden sind ein nicht sehr häufiger, aber ein besonderer Extremfall: Bei allen anderen Bodenproblemen ist der Humusaufbau die wichtigste Maßnahme zur langfristigen Gesundung – nicht so beim Moorboden. Organisches Material besitzt ein Moorboden mehr als genug. Wichtiger ist die stetige Zufuhr von Kalk, wenn man den pH-Wert langsam in einen Bereich von über 5 bringen will, wie er von den meisten Gartenpflanzen vertragen wird.
Umgekehrt bietet es sich an, die Vegetation nach den Eigenschaften des Bodens auszuwählen. Für den Zier-, aber auch Obstgarten kommen hierfür die sogenannten Moorbeetpflanzen in Frage: Rhododendron bzw. Azaleen und das Heidekraut *(Calluna vulgaris)* sowie Heidelbeeren und Preiselbeeren. Für diese Arten wird der Untergrund häufig durch Torf künstlich in einen Moorbeet verwandelt. Auch Himbeeren vertragen einen sauren Boden. Von den Gemüsen kommen die Wurzelarten am besten unter solchen Bedingungen zurecht, wie Möhren, Kartoffeln, Sellerie und Zwiebeln, sowie der Rhabarber.
Neben dem Frischkompost sind auch Tonminerale sehr gut in der Lage, extreme Eigenschaften wie den niedrigen pH-Wert abzupuffern. Deshalb kann man einen Moorboden mit Gesteinsmehlen langfristig verbessern. Gegebenenfalls muß an eine Dränage gedacht werden, wenn das Wasser durch Stauzonen bis in den Wurzelbereich heraufreicht.

Düngepraxis im Gemüsegarten

Auf den Gemüsebeeten arbeiten Hobbygärtner am intensivsten. Hier wird Nährwert geschaffen, mit dem sich eine ganze Familie sättigen läßt. Hier sieht man am direktesten und schnellsten den Zusammenhang zwischen Nährstoffversorgung und Erntegut. Und die verschiedenen Arten lassen sich hier individuell bedienen.

Nach dem Nährstoffbedürfnis unterscheidet man in **Stark-, Mittel- und Schwachzehrer.** Starkzehrer sind vor allem die großen Fruchtgemüse sowie die Kopfkohl-Arten. Sie benötigen für ihre Entwicklung die meisten Nährstoffe und können mit frischem Mist gedüngt werden. Im Gegensatz dazu erhalten die Schwachzehrer keine eigene Düngung, sondern profitieren von den Resten der vorangegangenen Kulturen. Dazwischen bewegen sich die Mittelzehrer: Sie wollen zwar gedüngt werden, sind aber nicht so hungrig wie die Starkzehrer.

Darüber hinaus gibt es zahlreiche Sonderfälle. **Möhren, Zwiebeln und Rettich** zum Beispiel gehören eigentlich zu den Mittelzehrern, Lauch sogar zu den Starkzehrern. Durch frisch rottende, organische Abfälle werden jedoch die Gemüsefliegen angezogen, welche diese Arten gerne befallen. Deshalb können sie nur mit völlig ausgereiftem (Mist-)Kompost gedüngt werden und dürfen nicht in »erster Tracht« nach einer Mistgabe stehen.

Bohnen und Erbsen fallen dadurch aus der Reihe, daß sie mit Hilfe ihrer Knöllchenbakterien Stickstoff für den Boden gewinnen. Obwohl sie ansonsten als Mittelzehrer einzuordnen wären, sollten diese Leguminosen nicht mit stickstoffhaltigen Düngern versorgt werden. **Gewürzkräuter** sind in den meisten Fällen anspruchslos. Mit Ausnahme der wenigen üppig wachsenden Arten (Petersilie, Schnittlauch, Meerrettich, Zitronenmelisse, Oregano, Liebstökkel), die zu den Mittelzehrern zu zählen sind, genügen gelegentliche, vorsichtige Gaben von Reifkompost.

Links: Auf dem Hügelbeet profitieren Kopfkohl und Tomaten vom Nährstoffangebot.
Rechts: Für das Kräuterbeet genügt gelegentlich etwas Reifkompost.

Vor der Aussaat darf nur reifer Kompost zum Einsatz kommen.

Kompost und etwas Stickstoff

Bei den Schwachzehrern hat man mit 5 l/m^2 reifen Gartenkomposts alle Nahrungsbedürfnisse erfüllt. Mittelzehrer benötigen bereits 7–10 l. Um ihr Wachstum zu unterstützen, kann etwas Stickstoff zugedüngt werden. Die Starkzehrer erhalten 10–15 l Frischkompost pro Quadratmeter; von einem nährstoffreichen Kompost, zum Beispiel aus Mist, genügen auch 6–8 l. Gerne starten die Starkzehrer mit einem Löffel voll Kompost im Pflanzloch.
Für optimales Gedeihen sind Starkzehrer auf eine zusätzliche Stickstoffdüngung angewiesen. Dazu verabreicht man am besten 100–120 g/m^2 Horn- oder Blutmehl. Da die Starkzehrer meist sehr große Pflanzabstände benötigen, können sie auch individuell mit einem mehr oder weniger gehäuften Handschäufelchen voll versorgt werden – je nach Größe der Pflanze. Bei den Mittelzehrern genügen 60–80 g/m^2.
Wie schon in einem vorherigen Kapitel betont, soll der Kompost am besten in mehreren Schritten verabreicht werden. Wenn zu wenig Kompost zur Verfügung steht, muß man ihn auf die wichtigsten Bedürfnisse beschränken:

- eine Gabe Frischkompost zu den Starkzehrern,
- den Reifkompost nicht über die ganzen Beete verteilen, sondern lediglich fein gesiebt in die Saatrillen streuen. Er ist für die Anzucht besonders wertvoll.

Die Nährstoffe können dann nach einer Bodenanalyse einzeln verabreicht werden. Oder man ergänzt mit einem (möglichst organischen) Volldünger: 50 g ersetzen in der Regel auch bei Starkzehrern den Phosphor- und Kali-Entzug. Schon ab 1 cm Kompostschicht pro Jahr sind Volldünger überflüssig.
Auch die **Zusatzdüngung** wird am besten auf zwei Termine verteilt: Eine zum Start bei der Bodenvorbereitung, die zweite als sogenannte Kopfdüngung, wenn die Pflanzen das Jugendstadium hinter sich haben und beginnen, zu fruchten bzw. Köpfe zu bilden, etwa ab Juni bis Mitte Juli. Bei den Starkzehrern kann die Düngung sogar auf drei Gaben verteilt werden. Brennessel- oder Beinwelljauche haben sich für die wiederholte Kopfdüngung bewährt.

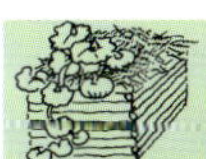

Mit diesen Angaben tut man sich in der **Mischkultur** schwer, weil dort nicht in Quadratmetern gerechnet wird. Die Umrechnung aber ist ganz einfach: Man muß nur die Reihenabstände zu Rate ziehen. Bei 20 cm Reihenabstand beispielsweise genügen die Mengen, die für 1 m^2 angegeben wurden, für 5 m Reihenlänge (5 m × 0,2 m = 1 m^2). Bei 25 cm Reihenabstand sind es 4 m Reihenlänge, bei 33 cm 3 m und bei 50 cm 2 m. Bei Zwischenmaßen kann ohne weiteres auf- oder abgerundet werden.

Alles zu seiner Zeit

Da die Aussaaten auf unreifen Frischkompost empfindlich reagieren, wird solcher schon im **Herbst** auf die Beete gebracht, wo man ihn mit Mulch abdeckt oder eine Gründüngung einsät; die Reste dieser Pflanzen werden im Frühjahr in den Boden eingearbeitet.
Allerdings ist dabei mit Auswaschungsverlusten zu rechnen. Alternativ kann der Frischkompost als Dünger zwischen gut eingewurzelte Jungpflanzen gestreut werden.
Vor der Einsaat ist das Beet zu ebnen. Bleibt das Beet bis zu den Eisheiligen ungenutzt, so empfiehlt sich die Aussaat einer raschwüchsigen Gründüngung (siehe S.68). Diese Möglichkeit besteht auch, wenn ein Beet im Spätsommer frei wird.
Weder der Frischkompost noch die Horn- und Blutmehl-Dünger können im **Frühjahr** genügend Stickstoff liefern, solange die Aktivität der Bodenorganismen noch nicht in Gang gekommen ist. Zur raschen Versorgung der Jungpflanzen muß man aber nicht gleich zu mineralischen Düngern greifen: Rizinusschrot zum Beispiel ist ein relativ rasch wirkender organischer Dünger, der diesen Bedarf stillt.
Die erste Rate der Zusatzdüngung wird flach eingearbeitet, nachdem man eventuelle Mulch- oder Gründüngerdecken entfernt hat. Dabei werden auch unerwünschte Wildkräuter ausgelesen.

Das Mistbeet – Fußbodenheizung für Frühstarter
Um schon im Februar Salate, Kohlrabi und Rettich anzubauen oder Kohl und Lauch vorzuziehen, hat sich seit langem das Mistbeet bewährt. Dazu hebt man den Untergrund eines Frühbeets 40 bis 60 cm tief aus, um in dieser Tiefe frischen, mit Stroh gemischten (Pferde-)Mist zu packen. Dessen dampfende Wärme hält das Frühbeet frostfrei. Mit der Zeit kommen die Nährstoffe den Pflanzen zugute.
Nach dem Ausheben bei frostfreiem Boden werden zunächst die Außenwände gegen Frosteinwirkung isoliert, bis der Mist zur Verfügung steht. Er wird in einer etwa 20 cm starken Schicht eingefüllt und mindestens 20 cm hoch mit Gartenerde überdeckt. Bevor man säen und pflanzen kann, muß noch einige Tage gelüftet werden, um Schäden vorzubeugen.

Kalk zur Verbesserung der Bodenstruktur wird im Herbst ausgestreut oder im Frühjahr, dann aber mit genügend Abstand zu den Aussaaten. Allerdings sind regelmäßig mit Kompost versorgte Gemüsebeete in der Praxis eher mit Kalk überversorgt.
Wenn man jährlich etwa 100 g **Gesteinsmehl** pro Quadratmeter vorsieht, so wird diese Menge am besten auf eine Frühlings- und eine Sommergabe verteilt. Bei gröberen Mehlen kann man auch größere Mengen ausbringen, ebenso wie auf sauren oder sandigen Standorten. Am besten aufgeschlossen wird Gesteinsmehl auf Beeten mit Bohnen oder Erbsen.

Die Ansprüche der Gemüsearten in Stichworten

Blumenkohl, Brokkoli – Starkzehrer, hoher N-Bedarf, Tiefwurzler, neutrale Böden; Kopfdüngung vor der Rosenbildung.
Bohnen – Sammeln Stickstoff für den Boden – kein N-Dünger; kalkbedürftig, leichter Boden; Buschb. hacken und anhäufeln; Stangenb. standorttreu.
Chicorée – siehe Zichorien
Chinakohl – Stark-/Mittelzehrer; relativ geringer N-Bedarf.
Endivien – siehe Zichorien
Eissalat – siehe Salate
Erbsen – Sammeln Stickstoff für den Boden – keine N-Düngung; kalkbedürftig; relativ hoher P-Bedarf.
Feldsalat – Schwachzehrer; neigt zu Nitratanreicherung.
Fenchel – Mittelzehrer.
Grünkohl – siehe Chinakohl
Gurke – Starkzehrer; reagiert dankbar auf Mulchfolie, Anhäufeln und Si-Gabe.
Kartoffeln – Mittelzehrer, verbessert Bodengare; lehmiger oder saurer Boden; anhäufeln.
Kohlrabi – Mittelzehrer.
Kohl (Kopf-) – Starkzehrer, Tiefwurzler; stark N-bedürftig, lehmiger Boden.
Kürbis – siehe Zucchini
Lauch – Starkzehrer, aber empfindlich gegen frischen Mist oder Kompost; lehmiger Boden.
Möhren – Mittelzehrer, empfindlich gegen frischen Mist oder Kompost; lockere Böden.
Paprika – Stark-/Mittelzehrer.
Radicchio – siehe Zichorien
Radieschen – Schwachzehrer.
Rettich – Mittelzehrer, empfindlich gegen frischen Mist oder Kompost; nicht zuviel Kalk.
Rhabarber – Starkzehrer; saurer Boden, Kompostgabe im Frühjahr.
Rosenkohl – siehe Chinakohl
Rote Bete – Mittelzehrer; kalkhaltiger Boden; neigt zu Nitratanreicherung.
Salate – Mittelzehrer; neigen zu Nitratanreicherung.
Sellerie – Starkzehrer; Flachwurzler, deshalb mulchen; relativ hoher P- und K-Bedarf; evtl. Kochsalz zur Chloridversorgung.
Spargel – Mittelzehrer; sandige, leichte, kalkhaltige Böden; nur Reifkompost.
Spinat – Mittel-/Schwachzehrer, relativ hoher P- und K-Bedarf; kalkhaltiger Boden; neigt zu Nitratanreicherung.
Tomate – Starkzehrer; Mulch, gerne aus eigenen Abfällen, standorttreu; warmer Boden, relativ hoher K-Bedarf (sonst Grünkragen).
Zichorien – Mittelzehrer.
Zucchini – Starkzehrer, gerne auf Kompost.
Zwiebeln – Mittelzehrer, empfindlich gegen frischen Mist oder Kompost, salzempfindlich; leichte, saure Böden.

Radieschen gehören zu den Schwachzehrern.

Düngepraxis im Obstgarten

Beim Obst ist die Pflege der Wurzelbereiche besonders wichtig. Wer die Gehölze optimal verpflegen möchte, der sollte die Baumscheiben von Bewuchs freihalten beziehungsweise nur gezielt Gründünger oder andere förderliche Gewächse einsäen.
Diese offene Fläche läßt sich leicht lockern und regulieren, und auch Substratzusätze können hier problemlos eingearbeitet werden.
Die sonst nicht genutzte Baumscheibe bietet sich wie kein anderer Bereich für die Einsaat von Gründüngern an. Weil es besonders hübsch aussieht, nimmt man für diesen Zweck gerne Blütenpflanzen und läßt sie auch blühen, obwohl dies wieder einige Nährstoffe verbraucht. Die Kapuzinerkresse ist eine traditionelle Baumscheiben-Bepflanzung, denn sie soll Läuse vom Baum fernhalten (siehe S. 71).
Im Obstgarten muß nicht so intensiv gedüngt werden wie beim Gemüse.
Trotzdem dürfen die Fruchtgehölze nicht völlig vernachlässigt werden; in zahlreichen Privatgärten sieht man sie regelrecht »hungern«. Als Bedarfsmengen gelten für das Baumobst in etwa die Angaben für Mittelzehrer, wobei neben der Kompostgabe eine zusätzliche Stickstoffdüngung in der Regel unterbleiben kann.

Vor und nach der Blüte, vor und nach der Ernte

Durch eine Kompostgabe nach der Ernte wird die Anlage der Blüten für das nächste Jahr nachhaltig unterstützt. Bei manchen Obstarten käme dieser Termin allerdings sehr spät für eine Düngung: Die Nährstoffe sollen zwar in den Wurzeln gespeichert werden, weil sie folglich im nächsten Jahr am schnellsten zur Verfügung stehen; eine zu späte Düngung jedoch verhindert das Ausreifen des Holzes vor dem Winter, und die unreifen Triebe werden vom Frost geschädigt. Deshalb müssen die Nährstoffe rasch verfügbar sein, wenn einmal notfalls im Oktober gedüngt werden soll.

Achtung, weiche Birnen!
Stippe oder Stippigkeit nennt man die Erscheinung, wenn sich bei Äpfeln, aber auch Birnen im Lager unter der Haut verbräunte, glasige Weichstellen bilden. Sie sind – abhängig von Sorte und Klima – zurückzuführen auf eine Unterversorgung mit Calcium, was durch ein ungünstiges Verhältnis zu den anderen Nährstoffen Kalium und Magnesium zustande kommt. Wenn diese Krankheit also auftritt, sollte man die normale Düngung eher verringern und dafür die Kalkversorgung verbessern.

Auch eine zufriedenstellende Obsternte setzt fachgerechte Bodenpflege voraus.

Im März oder Mai kann Kompost als 1–2 cm (10–15 l/m^2) starke Schicht auf der Baumscheibe verteilt werden; ein nährstoffreicher Mistkompost ist optimal für den Start in die neue Saison. Nach der Blüte oder kurz vor der Ernte läßt sich noch mit einer Pflanzenjauche oder einem anderen schnellwirksamen Dünger der Fruchtertrag fördern.
Bei solchen Gelegenheiten streut man auch gerne Gesteinsmehl aus, nicht mehr als 100 g/m^2. Früher wurde mit Holzasche auch gleich der Kalk- und Kalibedarf gestillt; heute sollte dies nur noch geschehen, wenn eine Bodenuntersuchung diesen Bedarf feststellt. Sauerkirsche und Pfirsich weisen unter den Obstbäumen einen überdurchschnittlichen Nährstoffbedarf auf.

Beeren brauchen Mulch

Bei den etwas weniger anspruchsvollen Beerensträuchern genügt oft schon eine Mulchschicht als Zufuhr organischer Substanz. Himbeeren und Brombeeren brauchen das ganze Jahr über eine dauerhafte Mulchdecke wie Rindenmulch. Johannis- und Stachelbeeren dagegen bevorzugen eine verrottende Bedeckung, zum Beispiel aus Grasschnitt, die im Frühjahr entfernt wird, damit sich der Boden rascher erwärmen kann. Alle Beerensträucher sollten am besten im Frühjahr mit Kompost oder ersatzweise einem organischen Volldünger versorgt werden.
Bei den Erdbeeren hat es sich bewährt, gleich nach der Blüte Strohmulch auszubringen, so daß während der Fruchtentwicklung die Bodenfeuchtigkeit erhalten bleibt und die Früchte später eine weiche, trockene und saubere Unterlage bekommen. Außer der Frühjahrsdüngung verabreicht man den Erdbeeren wie dem Baumobst gleich nach der Ernte nochmals Frischkompost oder einen Phosphor-betonten Volldünger, beispielsweise Guano.

Himbeeren und Brombeeren wollen das ganze Jahr einen bedeckten Boden.

Individuelle Ansprüche

Wein: Braucht möglichst einen warmen, lockeren Untergrund und darf gut mit Kompost versorgt werden; Schnitthäcksel zum Mulchen auf dem Wurzelbereich belassen.
Walnuß: Braucht ebenfalls einen möglichst warmen, lockeren Untergrund.
Preisel- und Heidelbeeren: Diese Moorbeetpflanzen brauchen ein saures Substrat, z.B. aus Laubkompost von Eichen; eventuell Torf zusetzen.

Die Bodenpflege im Ziergarten

Wenn man genügend Kompost zur Verfügung hat, dann sollte man ihn nicht nur im Nutzgarten zur Anwendung bringen: Auch Wachstum und Gesundheit aller Zierpflanzen profitieren von diesem naturgemäßen Bodenverbesserer.
Vollkommen ohne Dünger können Steingärten, Blumenwiesen und andere naturnahe Bereiche auskommen. Die hierauf heimischen Gewächse würden durch ein überhöhtes Nährstoffangebot nur verdrängt. Bestenfalls kann gelegentlich mit einer dünnen Reifkompostschicht und Gesteinsmehl die Bodenstruktur verbessert werden. Stauden und Sommerblumen aber, ebenso Ziergehölze und der Rasen, sollten regelmäßig versorgt werden. Grundvoraussetzung für erfolgreiches Gedeihen ist jedoch zu allererst eine standortgerechte Pflanzung.

Bei den Nadelgehölzen kommt es häufig zu Magnesiummangel.

Nahrung für die Schönheit

Ziergehölze sind am bescheidensten. Schon eine Mulchdecke aus Laub erfüllt jährlich den wesentlichen Nahrungsbedarf. Für optimales Gedeihen sollte wie für die meisten anderen Gewächse eine bis zu 1 cm starke Kompostschicht angestrebt werden. Bester Zeitpunkt ist das Frühjahr. Bei hochgezüchteten Blühgehölzen wird gerne nach der Blüte ein Phosphor-betonter Dünger (z.B. Guano) hinzugesetzt. Ab August sind die Düngemaßnahmen allerdings einzustellen, damit das Holz bis zum Winter ausreifen kann.

Von den Nadelgehölzen ist bekannt, daß bei ihrer Ernährung das Magnesium eine wichtige Rolle spielt. Deshalb wird bei »Tannendüngern« besonders auf diesen Nährstoff geachtet. Im Mangelfall hat sich die Verabreichung von sogenanntem Bittersalz bewährt.

Rhododendron sind als **Moorbeetpflanzen** ein Sonderfall, ebenso wie das Heidekraut. Sie benötigen ein saures Substrat, welches mit Hilfe von Laubkompost oder Torf künstlich hergestellt werden kann.
Stauden liegen mit ihren Ansprüchen zwischen Schwach- und Mittelzehrern. Genaugenommen ist zu unterscheiden zwischen den Wildstauden, die normalerweise keine zusätzliche Ernährung benötigen, und den Beet- und Prachtstauden, die ohne Düngemaßnahmen nicht befriedigend blühen. Überdurchschnittliche Ansprüche stellen beispielsweise hohe Herbstastern, der Sommerphlox, der Rittersporn sowie die »Sonnen«-Stauden *(Helianthus, Heliopsis, Helenium)*. Pfingstrosen und Taglilien *(Hemerocallis)* lassen sich gerne mit nährstoffreichem

Mistkompost verwöhnen; frischer Mist ist im Staudenbeet unerwünscht.
Den Stickstoffbedarf kann der Kompost eigentlich nicht ganz erfüllen. Aber bei den Stauden schießt dieser Nährstoff sowieso mehr »ins Kraut« als in die Blüten. Eine Kalkgabe wirkt oft hilfreich, sollte allerdings erst nach einer Bodenuntersuchung gezielt verabreicht werden.
Eine oder mehrere Handvoll Reifkompost in der Pflanzgrube (je nach Größe) begünstigen die Startbedingungen von Sommerblumen, Stauden und Gehölzen. Neben der jährlichen Kompostgabe im März/April kann man den Prachtstauden noch mit einer verspäteten Kopfdüngung bis Mitte Mai nachhelfen. In Blumenbeeten ist zu berücksichtigen, daß die meisten Pflanzen Flachwurzler sind. Beim Einarbeiten und beim Hacken muß man deshalb vorsichtig zu Werke gehen.
In den Stauden- und Gehölzbereichen ist eine **Mulchdecke** sehr willkommen, nicht nur weil sie den Wildkrautwuchs unterdrückt. Diese Arten vertragen in den meisten Fällen auch Rindenmulch, im Gegensatz zu einjährigen Sommerblumen oder zum Gemüse, weil seine Gerbstoffe das Pflanzenwachstum beeinträchtigen.

Sommerblumen verschwenden ihre gesamte Pracht und Energie in einer Saison. Daher reagieren sie auch am dankbarsten auf eine ausgiebige Nährstoffversorgung. Eine wöchentliche Flüssigdüngung ist allerdings nur im Balkonkasten problemlos; im Gartenbeet ginge ein Großteil der Nährstoffe ins Grundwasser verloren. Gedüngt wird erst, nachdem die Sommerblumen eingewurzelt sind.
Im Gegensatz zu den Stauden müssen sie nicht bis zum Winter ausreifen und können daher bis Oktober ernährt werden – solange sie eben blühen.

Prachtstauden zeigen sich nur bei zusätzlicher Ernährung in voller Schönheit.

Rasen oder Wiese?

Der **Rasen** muß im Gegensatz zur Blumenwiese mit Nährstoffen versorgt werden. Wie in allen anderen Bereichen nutzt man zu allererst die segensreichen Wirkungen des Komposts. Die etwa 5 l/m², die man im Frühjahr vorsichtig in den Boden recht, sollten allerdings fein gesiebt sein, damit er optisch nicht stört. Reifkompost eignet sich sogar gelegentlich zur Bodenverbesserung für nährstoffarme Blumenwiesen. Vor allem, wenn man keine anderen Kräuter oder gar Moos im Rasen dulden will, ist eine gute Ernährung wichtig, denn dann setzen sich bevorzugt die Gräser durch. Deshalb darf nach dem zweiten Schnitt im Jahr ein stickstoffbetonter organischer Volldünger verabreicht werden. Etwa 100 g/m² sind auf 3–4 Gaben zu verteilen, die bis Anfang August abgeschlossen sein müssen. Bei Trockenheit sind die Dünger, gleich welcher Art, wegen der geschlossenen Pflanzendecke gut einzuregnen. Freilich wäre es aus mehreren Gründen zu begrüßen, wenn man in diesen großflächigen Bereichen auf eine Zusatzdüngung verzichtet: Auf ungedüngten Wiesen wächst eine größere Pflanzenvielfalt, die den Insekten zugute kommt und das Auge des Menschen erfreut, und die Überfrachtung von Boden und Wasser kann nachhaltig verringert werden. Eine Kalkgabe im Frühjahr wirkt der Verbreitung von Moos entgegen, weil dies bevorzugt auf saurem Untergrund wächst. Außerdem weist Moos häufig auf Bodenverdichtungen hin, weshalb man es schon mit gelegentlicher Handarbeit verdrängen kann: Mit dem Vertikutierer, einem dem Rechen ähnlichen Gerät, läßt sich der Rasen regelmäßig belüften.

Ein perfekter Rasen ist auf fachgerechte Pflege angewiesen.

Solch eine bunte Blumenwiese kommt nur ohne Düngung zustande.

Sonderbehandlung für die Königin der Blumen

Die Rose gehört zwar strenggenommen zu den Gehölzen, fordert aber wie jede Diva spezielle Aufmerksamkeit. Vor allem Beetrosen wollen nicht nur im Frühjahr kräftig mit Kompost versorgt werden. Nach der ersten Blüte sollte man ihr nochmals Frischkompost oder einen (möglichst: organischen) Volldünger verabreichen. Damit er die Anlage der nächsten Blütengeneration rasch unterstützen kann, darf der Dünger auch in Wasser gelöst oder durch eine nährstoffreiche (Brennessel-)Jauche ergänzt werden. Ab August sind die Düngemaßnahmen einzustellen.

Manche Gärtner schwören allerdings darauf, die Rosen vor der kalten Jahreszeit nicht einfach mit Erde anzuhäufeln, sondern mit Mist. Aufgrund der winterlichen Auswaschungsverluste jedoch ist die Mistgabe eher für das Frühjahr zu empfehlen. Reifkompost ist problematisch, wenn er Unkrautsamen enthält. Denn es gehört zu den unangenehmsten Gartenarbeiten, Wildpflanzen aus den dornigen Rosenstöcken zu entfernen.

Beetrosen brauchen eine gute Nährstoffversorgung. Deshalb häufelt man sie gerne mit unkrautfreiem Kompost oder Mist an.

Bodenuntersuchungs-Institute

Staatliche Bodenuntersuchungsanstalten

Sächs. Landesanstalt
für Landwirtschaft
Institut f. Landwirtschaftliche
Untersuchungen
– LUFA Leipzig/Möckern –
Gustav-Kühn-Str. 8, 04159 Leipzig

LUFA des Landes Sachsen-Anhalt
Schiepziger Str. 29, 06120 Halle/Lettin

LUFA Thüringen
Naumburger Str. 98, 07743 Jena

LUFA Potsdam
Templiner Str. 21, 14473 Potsdam

LUFA Rostock
Graf-Lippe-Str. 1, 18059 Rostock

Institut für Angewandte Botanik
Abt. KVT
Marseiller Str. 7, 20355 Hamburg

LUFA Kiel
Institut f. Tiergesundheit und
Lebensmittelqualität
Gutenbergstr. 75–77, 24116 Kiel

LUFA der Landwirtschaftskammer
Weser-Ems
Jägerstr. 23–27, 26121 Oldenburg

LUFA Hameln
Finkenborner Weg 1 a, 31787 Hameln

Hessische Landwirtschaftliche
Versuchsanstalt
Landwirtschaftliches Untersuchungsamt
Am Versuchsfeld 13
34128 Kassel/Harleshausen

LUFA Westfalen-Lippe
Nevinghoff 40, 48147 Münster

LUFA Bonn/Landwirtschaftskammer
Siebengebirgsstr. 200, 53229 Bonn

Landes-Lehr- und Versuchsanstalt für
Landwirtschaft, Weinbau und Gartenbau
Institut für Bodenkunde
Egbertstr. 18, 54295 Trier

Hess. Landwirtschaftliche Versuchsanstalt
Rheinstr. 91, 64295 Darmstadt

LUFA = Landwirtschaftliche
Untersuchungs- und Forschungsanstalt

LUFA Speyer
Bezirksverband Pfalz
Obere Langgasse 40, 67346 Speyer

Landesanstalt für landwirtschaftliche Chemie – Bodenabteilung
Emil-Wolff-Str. 14, 70599 Stuttgart

LUFA Augustenberg
Neßlerstr. 23, 76227 Karlsruhe

Bayerische Hauptversuchsanstalt für Landwirtschaft
85350 Freising/Weihenstephan

Bayerische Landesanstalt für
Weinbau und Gartenbau
Abt. Kellerwirtschaft u.
Untersuchungswesen
Herrnstr. 8, 97209 Veitshöchheim

Österreich

Bundesanstalt für Bodenwirtschaft
Denisstr. 31–33, A-1200 Wien

Höhere Bundeslehr- und Versuchsanstalt für Gartenbau
Grünbergstr. 24
A-1131 Wien/Schönbrunn

Bundesanstalt für Agrarbiologie
Wieninger Str. 8, A-4020 Linz

Tiroler Landwirtschaftliche
Untersuchungs- und Versuchsanstalt
– LUVA –
A-6200 Rotholz 46

Landwirtschaftlich-chemische Landesversuchs- und Untersuchungsanstalt
Burggasse 2, A-8010 Graz

Schweiz

UFAG Laboratorien
Kornfeldstr. 2, CH-6210 Sursee

Labor Roth A.G.
Rieterstr. 102, CH-8002 Zürich

E. Schweizer
Samen A.G.
Maienstr. 8, CH-3602 Thun

Private Bodenuntersuchungsstellen

Dr. Fritz Balzer
Oberer Ellenberg 5, 35083 Amönau

Dr. Specht & Partner
Chem. Laboratorien
St.-Anschar-Platz 10, 20354 Hamburg

Bremer Umweltinstitut
Wielandstr. 25, 28203 Bremen

Bodenuntersuchungsinstitut Koldingen
Holländerei 22, 30982 Pattensen

Institut für Mikrobiologie und
Biochemie
Kornmarkt 34, 55758 Herborn

Manna-Institut
Postfach 63, 72117 Ammerbuch

Boden-Testsets

E. Merck
Postfach 41 19, 64271 Darmstadt

VDSF Verlags- und Vertriebsgesellschaft
Siemensstr. 11–13, 63071 Offenbach

W. Neudorff
Postfach 12 09, 31857 Emmerthal

Günther Cornufera Weinstr. 19,
91058 Erlangen

Organische Düngemittel, Kompostzusätze

(ohne Anspruch auf Vollständigkeit)

Oscorna
Erbacher Str. 41, 89032 Ulm

W. Neudorff
Postfach 12 09, 31857 Emmerthal

Günther Cornufera
Weinstr. 19, 91058 Erlangen

Compo
Postfach 21 07, 48157 Münster

Snoek GmbH
Postfach 10, 88146 Opfenbach
(Kompost- und Algenpräparate)

Zimmerli Mineralwerk
Hohlstr. 500, CH-8048 Zürich

Abtei Fulda
Nonnengasse 16, 36037 Fulda
(»Humofix«)

Forschungsring für biologisch-dynamische Wirtschaftsweise
Baumschulenweg 11, 6100 Darmstadt
(Biologisch-dynamische Kompostpräparate über die Regionalberater)